초등 국어 독해의 길잡이

독해력 키움

1단계 (1학년)

학부모님께

어린이집으로 가는 버스를 탄 아이들의 모습을 보면, 고개를 숙이고 무엇인가를 열심히 보고 있습니다. 아침 일찍부터 스마트폰에 빠진 것입니다. 아이들의 이런 모습은 초등학교, 중학교, 고등학교 과정을 거치면서도 그다지 나아지지 않습니다. 스마트폰에 빠지는 게 무엇이 문제냐고요? 무엇보다 아이들이, 보고 듣는 데만 익숙해져서 조각난 생각조차 하지 않는 습관에 젖어 버려서 큰 문제이지요.

컴퓨터도 그렇지만, 스마트폰도 손가락으로 화면을 넘기면서 빠르게 작업을 하게 되어 있는 기기입니다. 작업하는 속도가 빨라야 자부심을 느낄 수 있다고 하여 중간에 생각을 하거나 정리를 하는 시간은 아예 가지지 못한 채 슬쩍슬쩍 지나쳐야 합니다. 이러니 시간이 지나 나이가 들수록 생각의 깊이나 폭과는 거리를 두게 됩니다. 생각의 폭을 넓히고, 깊이를 더하기 위해서는 스스로 생각하는 버릇을 들여야 합니다. 하지만 보는 일에만 길들여져서는 그런 버릇을 들일 수가 없고, 반드시 읽어야 하는 것입니다. 일정한 분량의 글을 읽어서 뜻을 새기고, 새로운 생각을 떠올리고, 읽은 내용을 다른 분야에 응용하는 생각까지 해보아야 힘을 붙여 나갈 수 있습니다.

> **김갑주 선생님 약력**
>
> 김갑주 선생님은 서울대학교 국어국문학과를 졸업하고 장훈고등학교에서 국어를 가르쳤으며, 대성학원과 종로학원에서 국어영역 명강사로 활약하였습니다.
> 그동안 중고등학교 국어 관련 집필을 하시다가 최근에는 초등학교 독서교육에 힘쓰고 있습니다.

우리나라의 대학 입시 제도는 복잡하고 변화무쌍하기로 악명이 높습니다. 이런 실정에서는 시간이 흘러 제도가 바뀌더라도 그대로 써먹을 수 있는 공부를 해 두는 것이 안심이겠지요. 동서고금을 막론하고, 교육 쪽의 학자들이 고교 과정까지 아이들이 필수적으로 공부해야 할 과목으로 언어 논리와 수리 논리를 들고 있습니다. 언어 논리는 언어로써 논리적인 사고력을 키우는 과목이고, 수리 논리는 숫자로써 논리적인 사고력을 키우는 과목입니다. 다른 과목을 위한 기초를 이 두 과목에 의해 마련할 수 있고, 추론, 비판, 창의, 적용 등의 사고 능력도 이 두 과목으로부터 키워나갈 수 있습니다. 게다가 제도의 변화에 흔들리지 않고 능력을 지켜나갈 수 있으니 언어 논리와 수리 논리는 얼마나 중요한지 모르겠습니다. 언어 논리를 키워나가는 데 가장 중요한 일이 읽기의 힘을 키우는 일입니다. 그것도 초등학교 때 집중적으로 키워두어야 가장 효과적입니다.

저는 고등학교와 대학입시 학원에서 30여 년 동안 아이들에게 책 읽기와 글쓰기 지도를 하였습니다. 가르치는 경력이 얼마 되지 않았을 때부터 줄곧 궁금했던 것 중의 하나는 고등학교 과정에 있는 아이들이 어째서 읽기의 능력이 이렇게 부족할까 하는 점이었습니다. 아이들을 관찰하기도 하고, 직접 이야기도 나누어보니, 읽은 책이 얼마 되지 않아서 그렇게 되었음을 알 수 있었습니다. 그래서 책을 왜 이렇게 읽지 않았느냐고 다시 물어보았더니, 읽기를 하는 올바른 방법을 가르쳐 주는 선생님도, 알려주는 책도 없고 보니 아예 읽기에는 관심도 취미도 붙이기 어려웠다고 하더군요. 그래서 저는 언젠가 아이들이 일찍부터 올바른 읽기 방법을 익혀, 흥미를 느끼고 책을 읽을 수 있도록 길잡이가 될 만한 책을 쓰고 싶었습니다. 오랜 기간 자료를 모으고 준비하였으며, 드디어 체계적으로 독해력을 향상시킬 수 있는 방법을 궁리하여 이 책을 쓰게 되었습니다.

책을 여섯 단계로 나누어, 학년별 교과 과정을 충실히 반영하면서 그보다 수준을 조금씩 높이도록 했습니다. 예컨대, 3단계라면 대체로 3학년의 교과 과정과 관련을 맺었지만, 문제에서는 눈높이를 약간 높였습니다. 무엇보다도 아이들의 읽기 능력을 빠른 시간에 키워갈 수 있도록 글을 고르는 데 공을 많이 들였습니다. 국어 교과서의 글은 물론이고, 사회와 과학 교과에서도 글감을 구해서 정리한 글을 실었습니다. 필요에 따라 교과서 밖에서 글을 골라서 수준을 높이려 하였습니다. 우리가 목표로 삼고자 하는 독해력 키우기는, 언어 논리를 다루는 분야이니 거기에 치중하도록 했습니다.

이런 생각도 미리 해보았습니다. 이 책은 아이들이 혼자 다루기에는 힘겨울 수 있으니까, 선생님이든 부모님이든 누군가 도와주어야 하지 않을까 하는 생각입니다. 그렇다고 처음부터 아이와 함께 문제 풀이에 나서라거나, 주입식으로 강의하시라는 뜻은 전혀 아닙니다. 아이가 글을 읽고 문제 풀이를 한 뒤에 채점하면서 질문하도록 하고, 책의 뒤에 붙은 해설을 보아가면서 도움말을 주시라는 것입니다. 그러려면 함께 공부해야 하는 번거로움은 있겠지만, 아이와 함께 문제 풀이에 애쓰다 보면, 정도 새록새록 더해질 테고 아이의 읽기 능력도 크게 길러지는 보람도 함께 느낄 수 있을 것입니다.

초등학생이 볼 책을 쓰면서 가장 어려운 점이 아이들 눈높이를 맞추는 일이라는 사실을 다시 확인할 수 있었습니다. 아이들 관점에서 이해할 수 있는 글이고, 풀이할 수 있는 문제인지 머릿속에 그려보기도 하고 선생님들께 여쭈어보기도 했습니다. 그런데도 눈높이의 문제는 속 시원하게 해결되지 않은 것 같습니다. 이렇게 남은 문제는 선생님들과 부모님들, 아이들의 바른말을 들어가면서 고쳐나가고 보완해 나갈 것을 약속드립니다.

대표 집필 **김 갑 주**

독해력 키움의 중요성

모든 과목 이해의 열쇠는 독해력
- 국어는 물론이고 수학, 사회, 과학, 영어도 독해의 힘이 있어야 높은 성적을 기대할 수 있습니다.
- 모든 과목에는 개념을 설명하는 글이 있고, 문제를 펼쳐 보이는 글도 있는데, 가장 먼저 이런 글을 이해해야 성적을 올릴 수 있습니다.

독해력은 초등 때 결정
- '세 살 버릇 여든 간다.'는 속담이 독해에도 꼭 맞아떨어집니다.
- 초등 과정에서 올바른 방법으로 독해력을 키워두면, 중·고등 과정은 물론이고 대학까지도 편해집니다.
- 가장 어려운 고비라고 하는 대학수학능력시험은 독해력이 튼튼해야 모든 과목에 걸쳐 좋은 성적을 낼 수 있습니다.
- 잘못된 독해 방식에 젖어 있는 사람은 고등학교에 가서 온갖 방법을 궁리하고 노력해도 혼란스럽기만 하고 성적이 잘 오르지 않습니다.

독해력 키우는 방법
- 여러 갈래의 글(설명하는 글, 설득하는 글, 이야기 글, 시 등)을, 갈래별로 나누어놓은 읽기의 이론을 익힌 뒤에 이 이론에 따라 많은 글을 읽어야 합니다.
- 갈래별로 나누어놓은 읽기의 이론은 이 책의 본문 앞에 실려 있으므로 잘 이해하여 몸에 배게 해야 합니다.
- 어떤 갈래의 글이든지 가장 먼저 이루어져야 할 일은 중심 내용(주제)을 찾는 것입니다.
- 중심 내용을 파악하기 위해서는, 글에 나타난 사실을 이해하고, 읽은 내용을 바탕으로 어떤 생각을 더 해 볼 수 있는지 떠올려보며, 때로는 읽은 내용을 따져서 비판도 할 수 있어야 합니다.
- 읽은 글 아래 문항의 수는 5~6개이고, 이 문항들은 유형별로 같은 번호가 지정되어 있어서, 반복 학습을 통해 독해력을 향상할 수 있도록 하였습니다.
- 문항 유형별로 풀이하다 보면 자연스럽게 독해력을 키울 수 있도록 문항 유형들이 유기적으로 배열되어 있습니다.
- 이 책에서는 1번이 '주제 찾기' 문제인데, 가장 중요하기 때문에 이 자리에 놓았으며, 그 아래에 놓인 모든 문제를 다 풀어 본 뒤에 다시 1번의 주제를 한 번 더 확인해보아야 정확한 주제를 찾을 수 있습니다.

도움주기

독해력 키움의 문제 앞에 놓인 글이든, 글 아래에 놓인 문제이든 아이들이 스스로의 힘으로 이해할 수 있도록 꾸몄습니다. 되도록 간섭은 줄이고, 부모님이나 선생님께서 아이를 도와주실 때는 다음에 유의하십시오.

01
글이나 문제에서 뜻을 모르는 낱말이 있다고 할 때는, 그 낱말의 앞이나 뒤에 놓인 다른 말과 연결하여 미루어 뜻을 떠올려 볼 수 있도록 힘을 키워주십시오. 쉽사리 사전을 찾도록 한다거나 글 전체, 문제 전부를 풀이해주는 방식으로는 남에게 기대는 버릇만 들게 할 것입니다.

02
이 책의 끝에 있는 체크리스트 점검표 작성을 도와주시고 주기적으로 확인해 주십시오. 아이의 약점을 파악하여 자주 틀리거나 이해가 부족한 문항 유형을 중심으로, 그 문항 유형의 어려움을 극복하기 위해서 무엇을 고치고 보완해야 하는지 알려주십시오. 고칠 점, 보완해야 할 점은 해설을 보면 잘 나와 있습니다.

03
주관식 문제는 예시에 따라 채점을 도와주세요.
한 낱말이나 빈칸이 정해진 하나의 구절로 답하는 문제에서는 0점과 모범 답안과 일치하는 만점밖에 없습니다.
여러 개의 낱말로 답하는 문제에서는 배점에 문항 수를 나누어 정답에 비례하여 채점합니다. 하나의 구절이나 문장으로 답하는 문제에서는 미리 주어진 조건을 고려하여 모범 답안의 내용과 일치하는 정도에 따라 점수를 주어야 할 것입니다.

독해력 키움의 구성

01 단계를 나누어 체계를 잡았습니다.

독해력 키움은 초등학교 교육 과정에 맞추어 1단계부터 6단계까지 모두 여섯 단계로 이루어져 있습니다. 그렇지만 학년과 단계가 꼭 일치하는 것은 아닙니다. 체계를 튼튼히 다진 다음, 키움의 속도를 높이기 위해 학년보다 한 걸음 더 나아가도록 하였습니다. 읽기 능력의 개인 차이를 고려하여 자신의 수준에 맞는 단계를 골라서 시작할 수 있습니다.

02 읽기의 이론을 자세히 소개하여 길잡이로 삼도록 했습니다.

글의 큰 갈래를 비문학과 문학으로 나누고, 갈래의 특성에 따른 읽기의 이론을 본문의 앞에 실었습니다. 단계별 수준을 고려하여 차이를 두고 소개하였습니다. 본문과 문제에 들어가기에 앞서 잘 익혀두어야 합니다.

03 모든 교과목에 걸쳐, 여러 갈래의 글을 골랐습니다.

국어 교과서의 글을 기준으로 삼아, 국어는 물론이고 바른 생활, 슬기로운 생활, 즐거운 생활, 그리고 예체능과 관련된 글도 망라하여 문제 앞에 싣는 글로 골랐습니다. 비문학(설명하는 글, 설득하는 글)과 문학(이야기, 시)을 균형을 맞추어 배치하였습니다. 글이 속한 내용 분야를 보아도 인문, 사회, 경제, 과학, 문화, 예술 등 참으로 다양합니다.

독해력을 체계적인 방법으로 키울 수 있도록 하였습니다.

'SSAT(미국 고등학교 입시)'와 '대학수학능력시험'의 독해력 평가 유형을 염두에 두고 초등과정에서 효과적인 독해력 향상을 위한 문항 유형을 만들었습니다. 이를 위해 짜임새가 좋은 지식의 체계로서, 창의적으로 생각하는 바탕으로서, 여러 분야에 두루 활용될 수 있는 글을 골랐습니다. 글 아래의 '주제 찾기1~적용하기6'의 문항 유형을 순서에 따라 풀어서, 분석, 이해, 추리, 적용의 종합적인 사고 능력을 키울 수 있습니다.

독해력을 키우기 위해 꼭 필요한 지식을 갖추도록 문제를 만들었습니다.

독해력은 문제만 많이 푼다고 키울 수 있는 단순한 기능이 아닙니다. 어법, 문학 작품과 관련된 지식, 그 밖의 배경 지식 등이 갖추어져 있어야 보다 튼튼하게 키울 수 있습니다. 글을 고를 때 이 점을 고려하였고, '세부내용 5'번 문제는 순전히 이런 목적에서 출제하였습니다.

창의력과 응용 능력을 키울 수 있도록 힘을 기울였습니다.

읽기는 종합적인 생각의 과정이어야 합니다. 글의 사실을 이해하고, 이해한 사실에 미루어 새로운 내용을 짐작해보고, 글의 성질에 따라서는 비판도 하면서, 때로는 새로운 생각을 떠올리거나 다른 일에 응용할 줄도 알아야 합니다. '미루어알기 4', '적용하기 6'의 문제 유형은 이런 의도에서 출제하였습니다.

Contents

초등 국어 독해의 길잡이
독해력 키움

[설명하는 글 읽기 01~22]

- 01 아름다운 우리말 ·················· 18
- 02 말과 글 ·················· 20
- 03 재미있게 ㄱㄴㄷ ·················· 22
- 04 다 함께 아야어여 ·················· 24
- 05 글자를 만들어요 ·················· 26
- 06 숫자 세기 ·················· 28
- 07 물의 성질 ·················· 30
- 08 가족 ·················· 32
- 09 사회생활하기 ·················· 34
- 10 자연은 발명왕 ·················· 36
- 11 바다에 사는 동물 ·················· 38
- 12 식물 이름 짓기 ·················· 40
- 13 땅, 물, 눈과 관련된 우리말 ·················· 42
- 14 불의 덕택과 의미 ·················· 45
- 15 생각 나타내기 ·················· 48
- 16 일기 쓰기 ·················· 51
- 17 말하기와 듣기 ·················· 54
- 18 한글 ·················· 57
- 19 시계 보기 ·················· 60
- 20 돈이 뭐예요? ·················· 63
- 21 설은 어떻게 시작했을까요? ·················· 66
- 22 최대의 명절, 추석 ·················· 69

[설득하는 글 읽기 23~32]

- 23 자기 자랑(조성자) ·················· 72
- 24 세상에서 가장 힘이 센 말(이현정) ·················· 74
- 25 건강과 목욕 ·················· 76
- 26 운동과 건강 ·················· 78
- 27 바른 자세로 읽고 쓰기 ·················· 80
- 28 남의 처지 생각하기 ·················· 82
- 29 누구를 보낼까요? ·················· 84
- 30 고운 말을 해요 ·················· 87
- 31 인사예절 ·················· 90

32 물 오염을 막자 ·············· 93

[이야기 글 읽기 33~43]
33 이가 아파서 치과에 가요(한규호) ····· 96
34 인사할까, 말까?(허은미) ·············· 98
35 곰과 여우 ·············· 100
36 야, 우리 기차에서 내려(박상희 옮김) ··· 102
37 개미와 베짱이 ·············· 105
38 황소 아저씨(권정생) ·············· 108
39 바가지꽃(정하섭) ·············· 111
40 무지개 물고기 ·············· 114
41 신사임당 ·············· 117
42 이순신 ·············· 120
43 유관순 ·············· 123

[시 읽기 44~55]
44 밤길(김종상) ·············· 126
45 동동 아기 오리 ·············· 128
46 좋겠다(서정숙) ·············· 130
47 그만뒀대(문삼석) ·············· 132
48 도토리(유성윤) ·············· 134
49 달(윤석중) ·············· 136
50 날아라, 교실(백창우) ·············· 138
51 겨울 들판(이상교) ·············· 140
52 옹달샘(손광세) ·············· 142
53 둘이서 둘이서 ·············· 144
54 두껍아 두껍아(임석재) ·············· 146
55 달팽이 ·············· 148

▶ 회차별 점수표 ·············· 150
▶ 유형별 진단표 ·············· 154

I 논리적인 글 읽기

논리적인 글이란 어떤 글인가요?

1. 설명하는 글

(1) 가리킨 물건이나 일이 무엇인지 알려주는 글입니다.(사실)
   예) 동생은 나보다 키가 작습니다.
(2) 몰랐던 것을 알기 쉽게 풀어놓는 글입니다.(지식)
   예) 덧셈은 숫자 둘을 서로 합하는 것입니다.
(3) 세상에서 일어난 일을 알려주는 글입니다.(정보)
   예) 우리나라의 어린이 수가 점점 줄어들고 있어요.

2. 설득하는 글

(1) 가리킨 물건이나 일이 좋다, 나쁘다, 혹은 옳다, 그르다 어느 쪽인지 뚜렷이 드러내는 글입니다.(의견)
   예) 어려운 친구를 도와주는 것이 마땅하다.
(2) 물건이나 세상 일이 어떠해야 하는지 힘주어 말하는 글입니다.(주장)
   예) 물을 아껴 써야 합니다.

논리적인 글은 어떻게 쓰나요?

1. 설명하는 글 쓰기

쓰는 방법이 12가지나 됩니다. 설명하는 글을 쉽고 정확히 읽기 위해서 잘 익혀두어야 합니다. 예문을 새겨 읽어보면 각각의 방법이 어떠한지 알아차릴 수 있습니다.

방법	예문
전체를 부분으로 나누기	시계 바늘은 시침, 분침, 초침으로 이루어집니다.
	친구의 얼굴은 검은 바탕이지만, 눈, 코, 입은 반짝입니다.
가리키거나 뜻을 밝히기	저기 잘 달리는 짐승은 말입니다.
	날짐승은 날개를 가진 짐승입니다.
묶거나 예를 들기	소, 돼지, 말, 코끼리 등 네 발로 땅위를 걸어 다니는 짐승을 길짐승이라고 합니다.
	시장에서는 여러 가지 물건을 팝니다. 예를 들면, 밥과 국수 같은 먹는 것, 바지나 저고리 같은 입는 것 등입니다.

둘을 나란히 견주기	친구와 나는 달리기를 잘합니다.
	이것은 붉은색이고 저것은 푸른색입니다.
	쟁반같이 둥근 달이 동산에 떴습니다.
순서를 생각하고 늘어놓기	음식을 너무 많이 먹어서 배탈이 났습니다.
	찬물을 두 컵 냄비에 붓고, 오 분 정도 끓인 뒤에 스프와 라면을 넣어 요리를 완성할 수 있습니다.
	삼촌은 스무 살이 될 때까지 고향을 떠나지 않고 줄곧 같은 집에서 살았습니다.

2. 설득하는 글 쓰기

설득하는 글의 중심 내용이 되는 의견과 주장을 함께 일컬어 '생각'이라고 합니다. 또 자신이 직접 겪은 일이나 글을 읽고 알게 된 내용을 들어가면서 그렇게 생각하는 이유를 밝히는 것을 '까닭'이라고 합니다.

생각	까닭
어려운 친구를 도와주는 것이 마땅하다.	겪은 일: 나의 도움으로 친구가 다시 힘을 얻어 어려움을 이겨내는 것을 보았어. 읽은 것: 훌륭한 일을 하여 존경을 받는 사람들의 전기를 읽어보니 어릴 적부터 남을 열심히 도와주었어.
운동을 알맞게 해야 한다.	겪은 일: 운동을 하여 땀을 흘린 뒤에 공부를 하니 기분이 좋아 아주 잘 되었어. 읽은 것: 엊그제 신문 기사를 보니, 하버드대학교의 교수께서 운동을 매일 한 학생들이 학교 생활을 훨씬 잘하더라고 했어.

논리적인 글은 어떻게 읽나요?

논리적인 글을 읽을 때는 무엇보다도 글의 중심 내용이 무엇인지 정확하게 알아내어야 합니다.

1. 설명하는 글 읽기

글이 놓여 있는 순서에 따라 문단별로 전하고 있는 사실, 지식, 정보가 무엇인지 파악해가면 중심 내용을 쉽게 정리할 수 있습니다. 문단의 내용을 읽어가다 보면, '이처럼', '이와 같이', '요컨대'와 같은 말로 시작하는 문장이 나타나는 경우가 있는데, 이 문장이 중심 내용을 담고 있는 경우가 많습니다.

그리고 앞에서 익혀둔 설명하는 글쓰기의 방법 12가지 중 어떤 방법을 썼는지 떠올려가면서 읽으면 중심 내용 파악하기가 더욱 편해집니다.

2. 설득하는 글 읽기

글이 놓여 있는 순서에 따라 문단별로 중심 내용을 담고 있는 문장을 찾거나 만들어보면서 읽어 내려갑니다. 글을 전부 읽었으면 글쓴이의 의견이나 주장을 간추리고 그런 생각을 가지게 된 까닭도 읽은 글의 내용을 바탕으로 하여 따져봅니다.

글 전체의 중심 생각은 '따라서', '그러므로', '결국' 등의 말로 시작하는 문장에 실려 있다고 보면 됩니다.

II. 문학적인 글 읽기

문학적인 글이란 어떤 글인가요?

줄거리가 있는 일[이야기]이나 사람의 마음[시]을 표현하는 글입니다.

1. 이야기

남다른 성격과 행동을 보이는 사람[인물]이 등장하고, 읽는 사람을 놀라게 하는 일[사건]이 일어나며, 그런 일이 일어나는 때와 장소[배경]가 정해져 있는 글입니다.

이야기의 문장은 산문인데, 등장인물이 하는 말과 그 밖의 말로 나누어집니다. 등장인물의 말을 대사(또는 대화)라고 하고, 그 밖의 말을 지문(또는 서술)이라 합니다. 지문을 통해 이야기를 전하는 '서술자'는 지은이를 대신하여 인물, 사건, 배경에 대해 말해주는 사람입니다.

2. 시

속뜻을 새겨보아야 할 낱말이 있으며, 노래 부르기 좋은 모양을 보이고, 느낌과 생각을 담고 있는 글입니다.

시는 노래 부르기 좋게 규칙적으로 엮은 말의 질서가 지닌 아름다움을 잘 살린 글인데, 이런 글을 운문이라 합니다. 사용하는 말은 물건이나 일, 사람 등을 정확히 가리키기보다는 빗대기 때문에 다른 물건이나 일, 사람 등을 떠올리도록 합니다.

시에는 말하는 사람이 따로 있는데, 이 사람을 '화자'라고 합니다. 시는 화자에 의해 말하는 사람의 느낌과 생각을 드러냅니다.

문학적인 글은 어떻게 읽나요?

문학적인 글에 속하는 두 갈래의 글은 워낙 그 차이가 뚜렷하기 때문에, 갈래에 따라 알맞은 방법으로 읽어야 합니다.

1. 이야기

이야기는 길고 내용이 복잡하게 얽혀 있기 때문에, 놓여 있는 순서를 따라 읽어 가면서 다음의 일들을 따지고 정리합니다.

(1) 인물의 말과 서술자의 말에서 알아내야 할 것들

이야기의 문장은 인물의 말(대사, 대화)과 서술자의 말(서술, 지문)로 구별됩니다. 인물의 말에는 작은따옴표("~")가 앞과 뒤에 붙어 있고, 서술자의 말에는 그런 부호가 붙어있지 않습니다.

인물의 말을 통해 그 말을 한 사람의 마음이 어떠한지 알아차려야 합니다. 또 어떤 사건이 일어나고 있는지 짐작할 수 있어야 합니다. 서술자의 말을 통해 인물의 성격이나 마음, 일어나고 있는 사건, 사건이 일어나고 있는 시간과 장소 등을 알아내어야 합니다. 가끔은 서술자가 이야기의 중심 내용을 친절하게 알려주기도 하므로 이런 것도 놓칠 수 없겠지요.

(2) 인물, 사건, 배경의 변화 정리하기

줄거리를 따라 가면서 변화하는 것만 다시 정리하는 것입니다.

등장인물의 성격이나 마음이 변하면 어떻게 변하였는지, 무엇 때문에 변하였는지 알아둡니다. 사건의 변화는 일을 풀어주는 방향인지, 더 꼬이게 하는 것인지 구별해주면 됩니다. 때와 장소의 변화는 쉽게 알아차릴 수 있을 테니, 그런 변화와 더불어 인물과 사건이 어떻게 변화하는지 눈여겨 보아둡니다.

2. 시

낱말과 구절이 품고 있는 뜻이 여럿일 수 있기 때문에, 다음과 같이 단계를 따라 차근차근 새기면서 정리합니다.

 **모양 보기** 몇 개의 큰 묶음으로 나누어져 있는지, 줄의 길이가 같은지 다른지, 같거나 비슷한 모양의 말이 반복되는지 등을 눈여겨 보아둡니다. 시의 특징 있는 모양은 표현하려는 느낌이 생각과 잘 어울리도록 하는 효과가 있습니다.

 **표현의 이해** 상식에서 벗어나 거짓말처럼 꾸민 말만 찾아서 그렇게 꾸민 까닭을 따져봅니다. 예를 들면, '어머니의 얼굴은 세상을 비추는 보름달'이라 표현했다면, 이 말은 상식을 벗어난 거짓말이 틀림없습니다. 그런데도 이렇게 말한 것은 어머니의 얼굴이 '너그러우며 세상을 널리 감쌀 만큼 넉넉함'을 실감 나게 드러내기 위해 빗대어 일부러 그렇게 한 것입니다.

 **중심 대상 알기** 몇 군데의 어려운 표현을 짚어가면서 왜 그렇게 표현했는지 이해하고 나면, 무엇을 중심 대상으로 삼고 있는지 알 수 있습니다. 중심 대상이 시에서는 '글감'입니다. 이 시는 '무엇'을 읊었다라고 했을 때 '무엇'이 바로 글감인 중심 대상입니다.

 **화자의 마음 떠올리기** 시에서 말하는 사람인 '화자'가 물건이나 일, 사람에 대해 어떤 느낌이나 생각을 말하고 있는지 정리합니다. 화자의 느낌이나 생각이 바로 그 시의 주제이므로 넷째까지 어려움 없이 해낼 수 있다면, 어떤 작품이라도 읽을 수 있는 힘이 생겼다고 할 수 있습니다.

시의 내용을 새겨서 정리할 때, 가장 중요하고 반드시 거쳐야 하는 단계는 2단계입니다. 2단계에서 예를 든 표현은 '비유'입니다. 비유는 시를 이해하려 할 때 기본적인 표현이므로 한 번만 더 확인하고 갈까요? 비유의 표현이 나타났을 때는 무엇을 따져 그 표현을 이해할 수 있다고요? 그렇지요. 왜 그렇게 표현했는지 까닭을 따지면 됩니다. '아버지는 곰'이라고 표현했다면, 아버지가 미련하거나, 곰처럼 몸집이 크기 때문에 그렇게 표현한 것으로 보면 되겠지요.

III 문항 유형에 따라 읽기

검증된 평가로 유명한 'SSAT'나 '대학수학능력시험'의 읽기 능력 평가 유형과 방법을 참고하여 초등 단계에서 가장 효과적이고 체계적인 독해력 향상을 위한 문항 유형 7개를 확정하였습니다. 그 중, 1단계와 2단계에서는 5~6개를 다루었습니다. 모든 글의 문제 유형에 따른 배열의 순서는 고정되어 있습니다.

글을 읽고 문제를 풀 때는, 가장 먼저 '사실이해 3'을 새겨 두어야 합니다. 모든 글 읽기는 주어진 글의 사실이해로부터 출발해야 하기 때문입니다. 이 문항의 선택지에 실려 있는 내용은 주어진 글을 이해하는 데도 큰 도움이 됩니다. 따라서 이 문항과 선택지를 보면서 글의 내용을 정확히 파악하는 연습이 기본적으로 대단히 중요합니다.

● 주제찾기 1

독해에서 가장 중요한 활동. 글쓴이가 전하려고 한 중심 생각 찾기.

글 전체의 중심 내용 찾기. 중심 내용을 찾는 방법, 중심 내용을 알아야 떠올릴 수 있는 내용, 중심 내용을 표현한 방법 등을 묻는 유형.

설명하는 글, 설득하는 글에서는 문장이나 구절을 통해 직접 드러내기도 하지만, 드러내지 않은 글에서는 읽는 사람이 정리하여 주제문을 작성해 보아야 주제를 찾았다고 할 수 있습니다. 설명하는 글에서는 '이처럼', '이와 같이', '요컨대' 등의 말이, 설득하는 글에서는 '그러므로', '따라서' 등의 말이 문장의 맨 앞에 놓이면 주제문일 가능성이 높습니다. 이 문항은 다른 문항들의 이해와 깊은 관련성이 있어서, 모든 문항을 풀고 다시 확인해 보는 습관을 들여야 합니다.

이야기 글에서는 서술자의 말을 통해 직접 나타나기도 하지만, 대개는 인물의 행동이나 사건을 통해 읽는 사람이 스스로 파악해야 합니다. 이야기 글을 읽으면서 인물, 사건, 배경 중 무엇이 중심에 놓여 있는지 알아차리면 주제를 쉽게 찾을 수 있습니다.

시에서는 말하는 사람이 어떤 느낌이나 생각에 사로잡혀 있는지 파악하여 정리합니다. 시에서 말하는 사람의 느낌이나 생각을 파악하기 위해서는 비유, 상징, 반어, 역설이라는 4가지 표현 방법에 대한 이해가 가장 먼저 이루어져야 합니다.

글감찾기 2

'제목찾기 2'로 나타나기도 함. 글에서 반복하여 나타난 말이나, 글의 대상이 된 것.

설명하는 글, 설득하는 글에서는 여러 번 반복하여 나타난 글의 중심 낱말을 찾아내는 것이 가장 중요합니다. 중심 낱말이 그대로 글감이 되기도 하며, 제목은 중심 낱말을 넣어 '~와(과) ~', '~의 ~', '~와(과) ~의 관계'라는 형식으로 만들 수 있습니다.

이야기 글에서는 주제 찾기에서 이미 해둔 구성의 3요소 중 무엇에 초점을 맞추었는지 다시 확인하기만 하면 글감이나 제목을 쉽게 떠올려볼 수 있습니다.

시에서는 어려운 표현을 이해하면서 사람, 사람의 마음, 자연, 사회 등 무엇을 시의 대상으로 삼고 있는지 떠올려 봅니다. 여러 번 나타나는 낱말은 글감, 제목과 관련이 깊습니다.

사실이해 3

글에 나타난 사실을 있는 그대로 이해했는지 확인.

설명하는 글, 설득하는 글에서는 긍정과 부정의 정도, 원인과 결과의 관계, 생각과 까닭, 방법과 절차 등에 유의하면서 글에 나타난 사실을 있는 그대로 이해했는지 다시 한 번 확인합니다.

이야기 글에서는 줄거리의 사실을 중심으로 이 문항이 만들어지므로, 선택지 내용이 글에 나타난 것인지 하나씩 따져보도록 합니다.

시에서는 표현만 이해하면 확인할 수 있는 내용으로 이 유형이 이루어지므로 시의 표현에 대한 공부를 미리 해두어야 합니다. 이 공부는 이 책에 실려 있는 이론을 익혀두는 것으로 충분합니다.

미루어 알기 4

글에 나타난 사실에 미루어 짐작해 본 내용.

설명하는 글, 설득하는 글에서는 글에 나타난 사실을 바탕으로 새로운 생각을 해 보는 유형의 문항이므로, 선택지의 각 항목에 나타난 내용이 글의 어떤 내용으로부터 이끌어낸 생각인지 정확히 찾아보아야 합니다.

이야기 글에서는 등장인물의 성격, 사람됨, 마음, 뒤에 이어질 이야기 등이 물음의 대상이 되므로, 인물의 말이나 그려진 행동, 사건의 진행 과정 등을 파악해두고 물음이 요구하는 대로 짐작해 봅니다.

시에서는 말하는 사람의 목소리 뒤에 숨어있는 느낌이나 생각을 떠올려 봅니다. 또 비유와 상징, 반어와 역설을 사용한 까닭을 생각해봅니다.

🟧 세부내용 5

글 전체의 모양, 어휘의 뜻, 어법, 글과 관련된 배경 지식 등.

앞에 주어진 글을 당장 이해하기 위해서도 필요하지만, 더 복잡하고 큰 글 읽기의 힘을 키우기 위해 반드시 필요한 지식을 갖추도록 하기 위해서 주어진 문항입니다. 거북하게 여길 필요 없이 주어진 문항을 통해 챙길 수 있는 지식을 머릿속에 있는 지식 창고에 저장하고 넘어가면 됩니다.

설명하는 글, 설득하는 글에서는 낱말의 뜻, 문장들이나 문단들을 이어주는 말의 구실, 고사 성어 등이 물음의 대상이므로, 이와 관련된 지식을 쌓아 둡니다.

이야기 글에서는 때와 장소를 알려주는 말을 주의 깊게 새기면서 담고 있는 뜻을 기억해두도록 합니다. 줄거리와 관련을 맺을 수 있는 역사의 사실도 익혀 둡니다.

시에서는 시 전체의 모양이 지니는 특징, 굳은 비유나 상징에 숨어있는 뜻을 묻습니다. 몇 묶음으로 되어 있는지, 줄의 길이는 어떤지를 눈여겨보고 답을 찾습니다. 늘 쓰이는 비유나 상징의 뜻을 미리 알아둡니다.

🟧 적용하기 6

글의 내용을 이해하고, 이를 바탕으로 새로운 생각을 떠올려보거나, 다른 일에 응용할 수 있는 능력.

설명하는 글, 설득하는 글에서는 글을 읽어서 알게 된 개념, 문제 해결의 방법 등을 다른 일에 실제로 적용할 수 있는지 측정하고자 하는 문항 유형입니다. '높임말'에 대한 글을 읽고 나서 높임말이 무엇인지, 어떻게 만들어내는지를 알아보고자 하는 문제라면 이 유형에 속합니다.

이야기 글에서는 인물, 사건, 배경 중에서 하나를 선택하여 글에 나타난 대로 새로운 인물의 사건, 배경을 그려 보일 수 있는지 물을 수 있으므로 인물, 사건, 배경을 글에 나타난 대로 잘 정리해두어야 합니다.

시에서는 작품에 나타난 느낌이나 생각을, 읽은 사람이 새로운 구절이나 문장으로 표현할 수 있는지 요구할 수 있습니다. 기본적으로 시에서 말하는 사람의 느낌이나 생각을 정확히 파악하는 힘을 키워나가야 합니다.

독해력 키움 | 01. 설명하는 글 읽기(1)

평가요소 1. ☐ 20점 | 2. ☐ 20점 | 3. ☐ 20점 | 4. ☐ 20점 | 5. ☐ 20점

154쪽 표의 해당하는 번호에 체크하세요.

우리말에는 잠을 가리키는 재미있는 말이 많습니다. 그중에는 동물의 모양에 빗댄 것이 여럿 있습니다.

갓난아이가 두 팔을 머리 위로 벌리고 자는 잠을 나비잠이라고 합니다. 깊이 잠든 사랑스러운 아기의 모습과 귀엽고 예쁜 나비가 잘 어울립니다. 또, 새우처럼 등을 구부리고 자는 잠을 새우잠이라고 합니다. 옆으로 누워서 불편하게 자는 모습이 새우와 비슷하여 붙여진 이름입니다. 노루잠이나 토끼잠도 편히 마음 놓고 자지 못하는 이름이어서 비슷한 뜻을 지니고 있답니다.

주제찾기 **1.** 글의 중심 내용은 무엇입니까?

① 잠과 우리말
② 잠과 동물의 모양
③ 갓난아이가 자는 모양
④ 새우와 비슷한 모양의 잠
⑤ 잠을 가리키는 재미있는 우리말

제목찾기 **2.** 빈칸을 낱말로 채워 제목을 붙이세요.

| ☐ 이름 |

사실이해

3. 글에 나오지 않은 것은 어느 것입니까?

① 나비잠
② 새우잠
③ 노루잠
④ 토끼잠
⑤ 발편잠

미루어알기

4. '나비잠'의 모양은 어떠할까요?

① 밝게 웃는다.
② 귀엽고 예쁘다.
③ 숨소리가 크다.
④ 꼼짝을 하지 않는다.
⑤ 이리저리 몸부림을 친다.

세부내용

5. 동물 이름에 빗댄 잠 이름이 아닌 것은 어느 것입니까?

① 노루잠
② 나비잠
③ 새우잠
④ 토끼잠
⑤ 등걸잠

1~5번 문제의 점수를 더하여 총점을 쓰고 150쪽의 표에 막대그래프로 표시하세요.

점 수

독해력 키움 | 02. 설명하는 글 읽기(2)

| 평가요소 | 1. ☐ 20점 | 2. ☐ 20점 | 3. ☐ 20점 | 4. ☐ 20점 | 5. ☐ 20점 |

154쪽 표의 해당하는 번호에 체크하세요.

　　생각이나 느낌을 소리를 통해 다른 사람에게 전하는 것을 '말'이라고 해요. 생각이나 느낌을 글자를 통해 다른 사람에게 전하는 것을 '글'이라고 해요. 사람들이 사는 곳이 달라지면 대개 말과 글이 달라집니다. 우리나라 사람들이 쓰는 말과 글이 중국 사람들이 예부터 써온 말과 글과 다른 것을 보면 알 수 있지요. 우리나라 사람들은 우리말과 우리 글자인 한글을 씁니다. 중국 사람들은 중국말과 중국 글자인 한자를 씁니다.

　　우리나라 사람들이 아득한 옛날부터 한글을 썼던 것은 아니에요. 그때도 우리말은 있었지만, 우리 글자인 한글은 아직 만들어지지 않았어요. 그래서 이웃 나라 중국에서 쓰고 있던 한자를 빌려서 우리말을 쓰려고 했어요. 이렇게 말과 글이 다르면 얼마나 불편하겠어요. 이런 불편을 덜고 우리의 생각과 느낌을 마음대로 나타내기 위해 한글이 만들어졌답니다. 지금으로부터 한 600년 전쯤에, 조선 시대의 세종 임금이 그런 큰일을 했어요.

주제찾기　**1.** 글의 바탕에 놓여 있는 생각은 무엇입니까?

　　① 말이 먼저 생겼다.
　　② 글이 먼저 생겼다.
　　③ 말과 글은 다르다.
　　④ 우리나라에 말이 있다.
　　⑤ 중국에 글자가 있었다.

글감찾기　**2.** 글감 두 가지를 글에서 찾아 쓰세요.

| ☐과 ☐ |

사실이해 **3.** 말과 글은 무엇을 전한다고 했습니까?

① 생각과 느낌
② 소리와 생김새
③ 노래와 이야기
④ 사는 장소와 시간
⑤ 살면서 보고 들은 것

미루어알기 **4.** 글에서 알 수 있는 내용은 어느 것입니까?

① 소리는 말이다.
② 말과 글은 같은 뜻이다.
③ 모든 나라에 글자가 있다.
④ 글자가 없으면 살기에 불편하다.
⑤ 우리나라의 글자는 중국과 같았다.

세부내용 **5.** 중국 글자의 이름은 무엇입니까?

① 한글
② 한문
③ 이두
④ 향찰
⑤ 한자

점 수

1~5번 문제의 점수를 더하여 총점을 쓰고 150쪽의 표에 막대그래프로 표시하세요.

독해력 키움 | 03. 설명하는 글 읽기(3)

평가요소
1. ☐ 20점 | 2. ☐ 20점 | 3. ☐ 20점 | 4. ☐ 20점 | 5. ☐ 20점

154쪽 표의 해당하는 번호에 체크하세요.

한글의 자음은 허파에 있던 공기가 목, 이, 입술, 혀의 어느 한 부분에 닿아서 소리가 납니다. 그래서 자음을 '닿소리'라고 부르기도 하지요. 자음은 모음의 왼쪽, 위쪽, 받침에 놓입니다. 한글의 기본 자음은 모두 14개입니다. 순서에 따라 글자의 모양과 이름을 알아보기로 해요.

ㄱ	ㄴ	ㄷ	ㄹ	ㅁ
기역	니은	디귿	리을	미음
ㅂ	ㅅ	ㅇ	ㅈ	ㅊ
비읍	시옷	이응	지읒	치읓
ㅋ	ㅌ	ㅍ	ㅎ	
키읔	티읕	피읖	히읗	

주제찾기 **1.** 무엇을 설명한 글입니까?

① 한글의 뜻
② 한글의 글자 수
③ 한글과 다른 나라 글자
④ 자음의 글자 모양과 이름
⑤ 자음과 모음의 소리 어울림

글감찾기 **2.** '자음'의 또 다른 이름을 글에서 찾아 쓰세요.

☐☐☐

사실이해 3. 자음의 첫 글자와 끝 글자를 모아놓은 것을 고르세요.

① ㄱ, ㅎ
② ㄴ, ㅍ
③ ㄷ, ㅌ
④ ㄹ, ㅋ
⑤ ㅁ, ㅊ

미루어알기 4. 이름을 붙이는 방식이 'ㄴ'과 <u>다른</u> 것은 어느 것입니까?

① ㄹ
② ㅁ
③ ㅂ
④ ㅅ
⑤ ㅇ

세부내용 5. 자음이 받침에 쓰인 글자는 어느 것입니까?

① 가
② 거
③ 고
④ 구
⑤ 길

점 수

1~5번 문제의 점수를 더하여 총점을 쓰고 150쪽의 표에 막대그래프로 표시하세요.

독해력 키움 | 04. 설명하는 글 읽기(4)

평가요소 1. ☐ 20점 | 2. ☐ 20점 | 3. ☐ 20점 | 4. ☐ 20점 | 5. ☐ 20점

154쪽 표의 해당하는 번호에 체크하세요.

한글의 모음은 허파의 공기가 목, 입, 코를 거쳐 나오면서 아무 곳에도 닿지 않고 소리가 납니다. 그래서 모음을 '홀소리'라고 부르기도 합니다. 모음은 자음의 오른쪽, 아래쪽에 놓입니다. 한글의 기본 모음은 모두 10개입니다. 순서에 따라 글자의 모양과 이름을 알아보기로 해요.

ㅏ	ㅑ	ㅓ	ㅕ	ㅗ
아	야	어	여	오
ㅛ	ㅜ	ㅠ	ㅡ	ㅣ
요	우	유	으	이

주제찾기 1. 글에서 설명한 내용은 무엇입니까?

① 모음을 놓는 순서
② 모음을 발음하는 방법
③ 모음의 글자 모양과 이름
④ 글자에서 모음이 놓이는 자리
⑤ 글자에서 자리를 바꾸는 모음과 자음

글감찾기 2. '모음'의 다른 이름을 글에서 찾아 쓰세요.

☐☐☐

사실이해 3. 모음의 첫 글자와 끝 글자는 각각 무엇입니까?

① ㅏ, ㅣ
② ㅑ, ㅡ
③ ㅓ, ㅠ
④ ㅕ, ㅜ
⑤ ㅗ, ㅛ

미루어알기 4. 소리의 처음과 끝이 같은 것은 어느 것입니까?

① ㅑ
② ㅕ
③ ㅛ
④ ㅠ
⑤ ㅣ

세부내용 5. 기본 모음에 속하지 않는 것을 고르세요.

① ㅏ
② ㅓ
③ ㅗ
④ ㅜ
⑤ ㅢ

1~5번 문제의 점수를 더하여 총점을 쓰고 150쪽의 표에 막대그래프로 표시하세요.   점수

독해력 키움 | 05. 설명하는 글 읽기(5)

| 평가요소 | 1. ☐ 20점 | 2. ☐ 20점 | 3. ☐ 20점 | 4. ☐ 20점 | 5. ☐ 20점 |

154쪽 표의 해당하는 번호에 체크하세요.

　자음과 모음은 혼자서는 입으로 소리를 낼 수 있는 글자를 만들지 못합니다. 자음은 모음과 어울려야 입으로 소리를 낼 수 있는 글자를 만듭니다. 모음도 자음과 어울려야 글자를 만듭니다. 자음과 모음은 어울리기만 하면 소리를 낼 수 있는 글자를 만듭니다. 자음과 모음의 기본 글자끼리 어울려 어떤 글자가 만들어지는지 살펴보기로 해요.

모음 \ 자음	ㅏ	ㅑ	ㅓ	ㅕ	ㅗ	ㅛ	ㅜ	ㅠ	ㅡ	ㅣ
ㄱ	가	갸	거	겨	고	교	구	규	그	기
ㄴ	나									
ㄷ	다									
ㄹ	라									
ㅁ	마									
ㅂ	바									
ㅅ	사									
ㅇ	아									
ㅈ	자									
ㅊ	차									
ㅋ	카									
ㅌ	타									
ㅍ	파									
ㅎ	하									

※ 문제 풀이를 끝낸 뒤에 각자 빈칸을 채우면서 글자를 익히세요.

주제찾기 1. 설명한 내용을 잘 간추린 것을 고르세요.

① 자음은 혼자 소리를 내는 글자이다.
② 모음은 혼자 소리를 내는 글자이다.
③ 자음과 모음은 한 글자씩 어울린다.
④ 모음은 모음끼리 어울려 글자를 만든다.
⑤ 자음과 모음이 어울려야 소리를 내는 글자를 만든다.

제목찾기 2. 빈칸에 낱말을 넣어 제목을 붙이세요.

□□ 만들기

사실이해 3. 글에 나타나지 <u>않은</u> 낱말은 어느 것입니까?

① 자음   ② 모음   ③ 받침
④ 글자   ⑤ 소리

미루어알기 4. '달'은 어떻게 만들어진 글자입니까?

① 자음 기본 글자끼리 어울려서
② 모음 기본 글자끼리 어울려서
③ 자음과 모음의 기본 글자끼리 어울려서
④ 자음과 모음의 기본 글자가 어울린 뒤 받침을 붙여서
⑤ 자음 아래에 모음을 붙이고 그 아래에 다시 자음을 붙여서

세부내용 5. 받침에 쓰일 수 있는 기본 자음의 수는 몇 개입니까?

① 7개   ② 10개   ③ 14개
④ 16개   ⑤ 19개

점수

1~5번 문제의 점수를 더하여 총점을 쓰고 150쪽의 표에 막대그래프로 표시하세요.

독해력 키움 | 06. 설명하는 글 읽기(6)

| 평가요소 | 1. ☐ 20점 | 2. ☐ 20점 | 3. ☐ 20점 | 4. ☐ 20점 | 5. ☐ 20점 |

154쪽 표의 해당하는 번호에 체크하세요.

근처에 다른 것이 없이 혼자일 때, '하나'라고 부릅니다.
하나에 하나 더 많으면 '둘'입니다.
둘에 하나 더 많으면 '셋'입니다.
셋에 하나 더 많으면 '넷'입니다.
넷에 하나 더 많으면 '다섯'입니다.
㉠하나는 1이라고 쓰고 '일'이라고 읽어요.
둘은 2라고 쓰고 '이'라고 읽어요.
셋은 3이라고 쓰고 '삼'이라고 읽어요.
넷은 4라고 쓰고 '사'라고 읽어요.
다섯은 5라고 쓰고 '오'라고 읽어요.
이번에는 ㉡울타리 밖에 있는 원숭이 다섯 마리를 울타리 안에 넣기로 해요.
원숭이 한 마리를 우리에 넣으면 넷이 남아요.
원숭이 한 마리를 또 우리에 넣으면 셋이 남아요.
원숭이 한 마리를 또 우리에 넣으면 둘이 남아요.
원숭이 한 마리를 또 우리에 넣으면 하나 남아요.

주제찾기 **1.** 어떤 물음에 답한 글입니까?

① 수는 무엇입니까?
② 1은 어떤 수입니까?
③ 5는 어떻게 읽어야 하나요?
④ 어떤 수를 떠올릴 수 있나요?
⑤ 울타리 안과 밖의 수는 몇인가요?

제목찾기 2. 빈칸을 채워 글의 제목을 붙이세요.

□□ 세기

사실이해 3. 다음 중 가장 많은 수는 어느 것입니까?

① 하나　　　　　　② 둘
③ 셋　　　　　　　④ 넷
⑤ 다섯

미루어알기 4. ㉠에서 설명한 것은 무엇입니까?

① 숫자 쓰기와 읽기　　② 수를 더하기
③ 숫자와 수의 다름　　④ 수를 빼기
⑤ 수와 수를 곱하기

세부내용 5. ㉡의 수식은 어느 것인가요?

① 5-0=5　　　　　② 5-1=4
③ 5-2=3　　　　　④ 5-3=2
⑤ 5-4=1

1~5번 문제의 점수를 더하여 총점을 쓰고 150쪽의 표에 막대그래프로 표시하세요.　　**점 수**

독해력 키움 | 07. 설명하는 글 읽기(7)

| 평가요소 | 1. ☐ 20점 | 2. ☐ 20점 | 3. ☐ 20점 | 4. ☐ 20점 | 5. ☐ 20점 |

154쪽 표의 해당하는 번호에 체크하세요.

    한여름에 오랫동안 비를 내리게 하는 구름이 머물면서 전국에 비를 뿌려댑니다. 없어도 문제가 되지만 넘치면 더욱 문제가 되는 것이 물이에요. 물은 지구에서 가장 중요한 물질 중의 하나입니다. 물이 없으면, 물의 성질이 현재와 같지 않다면 생명체가 살 수 없는 등, 끔찍한 일들이 일어날 거예요. 우리 몸무게의 70% 정도가 물이니 그것의 중요성은 두말할 필요도 없겠지요. 물은 어떤 성질을 띠며, 그 성질을 우리는 어떻게 겪을 수 있는지 알아볼까요.

    물은 여러 가지 물질을 녹일 수 있어요. 물은 수많은 물 분자❶들이 모여서 이루어진 것이라고 해요. 한 개의 물 분자 안에는 서로 잘 끌어당기는 원자❷들이 들어있어요. 이런 성질을 띤 분자들이 서로 이웃하고 있는 분자들끼리 서로 잘 끌어당기고 있는 거라고 이해할 수 있겠지요. 물이 이러한 성질을 띠고 있으므로 같은 성질을 띠고 있는 분자들이 물속으로 들어오면 물에 잘 녹아요. 그러나 이런 성질이 매우 약하거나 없는 분자들은 물에 녹지 않습니다.

주제찾기

1. 어떤 내용에 초점을 맞추고 있습니까?

① 소리와 모양 ② 중요함과 특성
③ 지니고 있는 뜻 ④ 겉모양과 짜임새
⑤ 여러 가지의 쓰임새

글감찾기

2. 글감으로 삼은 것을 글에서 찾아 쓰세요.

Note
❶ 물질에서 화학적 형태와 성질을 잃지 않고 분리될 수 있는 최소의 입자.
❷ 물질의 기본적 구성 단위. 한 개 또는 여러 개가 모여 분자를 이룬다.

사실이해 **3.** 글에 나온 내용은 어느 것입니까?

① 구름은 비를 내리게 한다.
② 물이 없어도 문제가 없다.
③ 우리 몸에는 물이 많지 않다.
④ 물은 몇 개의 분자로 이루어진다.
⑤ 극성을 띤 분자들은 서로 밀어낸다.

미루어알기 **4.** 다음 글을 읽고 알맞게 떠올린 내용은 무엇입니까?

> 기름 분자는 서로 끌어당기는 힘이 매우 약하다.

① 물은 기름과 어울린다.
② 물과 기름은 마주 보고 있다.
③ 기름은 물에 잘 녹지 않는다.
④ 기름은 물 아래로 가라앉는다.
⑤ 물과 기름이 번갈아가면서 쌓인다.

세부내용 **5.** 물을 떠올리기 <u>어려운</u> 것을 고르세요.

① 비   ② 구름
③ 안개   ④ 천둥
⑤ 수증기

점수

1~5번 문제의 점수를 더하여 총점을 쓰고 150쪽의 표에 막대그래프로 표시하세요.

독해력 키움 | 08. 설명하는 글 읽기(8)

| 평가요소 | 1. ☐ 20점 | 2. ☐ 20점 | 3. ☐ 20점 | 4. ☐ 20점 | 5. ☐ 20점 |

154쪽 표의 해당하는 번호에 체크하세요.

　　이번 설에 아빠 엄마와 함께 할머니 댁에 다녀왔어요. 할머니 할아버지뿐만 아니라 작은아버지네, 큰아버지네, 고모, 사촌 동생들까지…… 정말 많은 사람이 ㉠한자리에 모였지요. 그런데 할머니께서 기뻐하시며 "우리 가족이 다 모이니까 좋구나." 하시는 거예요. 어? 가족은 엄마, 아빠, 나, 이렇게 셋이 한 가족 아닌가?

　　가족이란, 남편과 아내, 아빠 엄마와 누나, 형, 동생처럼 결혼이나 핏줄 따위로 맺어진 사람들의 모임을 말해요. 그렇게 모인 사람들을 뜻하기도 해요. 대부분의 사람은 가족을 이루는 한 사람으로 태어나 가족의 테두리 안에서 살아가지요. 그래서 가족은 우리가 어울려 살아가는 사회를 이루는 가장 기본적인 단위가 되어요.

　　옛날에는 가족의 한 사람으로서 할 일들이 대체로 정해져 있었어요. 할아버지는 집안의 어른으로서 가정의 중요한 일들을 결정하고 손자나 손녀들의 교육을 맡았지요. 할머니는 집안일을 도와주면서 어린 손자나 손녀를 돌봤고, 아빠는 가정의 경제를 책임지고, 엄마는 집안의 살림을 도맡았어요. 아들은 할아버지와 아빠를 돕고, 딸은 엄마와 할머니를 도왔지요. 그런데 요즘엔 달라졌어요.

주제찾기

1. 어떤 물음을 떠올릴 수 있는 글인가요?

① 가족은 언제 생겼나요.
② 가족의 일은 누가 정해주나요?
③ 가족은 우리 삶에 어떤 영향을 주나요?
④ 가족의 뜻과 이루는 사람의 역할은 무엇인가요?
⑤ 가족을 이루지 못하는 사람은 어떻게 살아갈 수 있나요?

글감찾기   2. 글감이 된 낱말을 글에서 찾아 쓰세요.

사실이해   3. 가족을 이룬다고 글에서 말하지 <u>않은</u> 것은 무엇인가요?

① 고모   ② 이모
③ 사촌   ④ 큰아버지
⑤ 작은아버지

미루어알기   4. 요즘에 달라진 가족의 모습은 어느 것입니까?

① 아빠가 집 안의 청소를 한다.
② 딸은 엄마와 할머니를 돕는다.
③ 할아버지는 중요한 일을 결정한다.
④ 아들은 아빠와 할아버지를 돕는다.
⑤ 엄마가 집안의 살림을 도맡아 한다.

세부내용   5. ㉠의 '한'과 같은 뜻을 지닌 '한'은 어느 것인가요?

① <u>한</u>결   ② <u>한</u>낮
③ <u>한</u>마음   ④ <u>한</u>여름
⑤ <u>한</u>가운데

점수

1~5번 문제의 점수를 더하여 총점을 쓰고 150쪽의 표에 막대그래프로 표시하세요.

독해력 키움 | 09. 설명하는 글 읽기(9)

| 평가요소 | 1. ☐ 20점 | 2. ☐ 20점 | 3. ☐ 20점 | 4. ☐ 20점 | 5. ☐ 20점 |

154쪽 표의 해당하는 번호에 체크하세요.

　입학할 무렵에는 부모한테서 "학교 가면 선생님 말씀 잘 듣고 공부 열심히 해야 한다."라는 말을 많이 듣고, 입학하면 선생님과 친구한테서 많은 것을 배웁니다. 수업 시간에는 짝꿍과 얘기하고 싶어도 꾹 참고 수업에 집중해야 한다는 것, 잠을 더 자고 싶어도 시간 맞춰 일어나 정해진 시간까지 학교에 가야 한다는 것, 복도에서는 뛰지 말고 조용히 걸어야 한다는 것처럼, 학교생활에 필요한 여러 가지 규칙을 배워요. 학교도 하나의 사회이고, 우리가 배우는 규칙들은 사회생활을 잘해나가기 위한 것이지요.

　친구들과 놀면서 여러 가지 놀이도 배우고, 놀이에 열중하면서 더불어 생활하기 위해서 어떻게 해야 하는지를 배웁니다. 이렇게 되어가는 것을 사회생활하기라고 합니다. 학교에 입학하고 나서도 사회 생활하기는 계속됩니다. 초등학교뿐만 아니라 중학교에서도 초등학교 때와는 다른 많은 것들을 새롭게 배우고 익히게 되지요. 이것도 사회생활하기입니다. 고등학교에서도, 대학교에서도 사회생활하기는 계속됩니다. 그러니 입학과 함께 사회생활하기가 끝나는 것은 절대로 아니겠군요.

주제찾기

1. 중심 내용은 무엇입니까?

① 부모님은 우리를 가르친다.
② 선생님의 말씀을 잘 들어야 한다.
③ 학교에서 친구들에게서 많이 배워야 한다.
④ 우리는 자라면서 여러 사람과 더불어 살아가게 된다.
⑤ 중학교에서는 초등학교 때와는 다른 많은 것들을 새롭게 배운다.

관련 교과 **사회**
[안전한 생활]

제목찾기   2. 빈칸에 낱말을 넣어 제목을 붙이세요.

□□생활하기

사실이해   3. 학교생활에서 배우는 것은 무엇입니까?

① 공부　　　　　② 수업
③ 규칙　　　　　④ 사회
⑤ 친구

미루어알기   4. '규칙'의 특징을 가장 잘 표현한 것을 고르세요.

① 하고 있는 것
② 해야 하는 것
③ 할 수 있는 것
④ 남이 좋아하는 것
⑤ 칭찬을 들을 수 있는 것

세부내용   5. 다음 중, 사회생활하기를 시작하는 곳은 어디입니까?

① 유치원　　　　② 초등학교
③ 중학교　　　　④ 고등학교
⑤ 대학교

점 수

1~5번 문제의 점수를 더하여 총점을 쓰고 150쪽의 표에 막대그래프로 표시하세요.

독해력 키움 | 10. 설명하는 글 읽기(10)

평가요소 1. ☐ 20점 | 2. ☐ 20점 | 3. ☐ 20점 | 4. ☐ 20점 | 5. ☐ 20점

154쪽 표의 해당하는 번호에 체크하세요.

　유리창에 붙어 있는 인형을 본 적이 있나요? 그것을 붙일 때 사용하는 물건은 문어의 빨판을 본떠 만들었습니다. 문어는 빨판을 이용하여 어디에나 잘 달라붙습니다. 우리가 흔히 쓰는 칫솔걸이도 이것을 본떠 만든 물건입니다.

　낙하산은 민들레 씨를 본떠 만들었습니다. 민들레 씨의 가는 실 끝에는 털이 여러 개 달려 있습니다. 이 털이 있어서 민들레 씨는 둥둥 떠서 멀리까지 날아갈 수 있습니다. 또, 천천히 땅에 떨어지게 됩니다. 낙하산을 이용하면 비행기에서 안전하게 땅으로 내려올 수 있습니다.

　숲속을 걷다 보면 옷에 열매가 붙어 있는 경우가 있습니다. 도꼬마리 열매에는 갈고리 모양의 가시가 많이 있습니다. 그래서 짐승의 털에 잘 붙습니다. 이것을 ㉠보고 단추나 끈보다 더 쉽게 붙였다 떼었다 할 수 있는 물건을 만들었습니다.

　이렇게 우리 주변에는 동물이나 식물을 본떠 만든 발명품이 많습니다. 이런 물건은 사람들의 생활을 더 편하게 만들어 줍니다. 자연은 누구보다 위대한 발명왕인 셈입니다.

주제찾기　**1.** 중심 내용은 무엇입니까?

① 유리창에는 인형이 잘 붙는다.
② 문어는 빨판을 이용하여 움직인다.
③ 낙하산은 민들레 씨를 본떠 만들었다.
④ 낙하산을 이용하면 안전하게 땅으로 내려올 수 있다.
⑤ 우리 주변에는 동물이나 식물을 본떠 만든 발명품이 많다.

제목찾기 2. 글에 나온 낱말을 넣어서 제목을 완성하세요.

□□은 발명왕

사실이해 3. 글에 가장 먼저 소개한 물건은 무엇을 본떠 만들었습니까?

① 인형　　　　　② 빨판
③ 씨앗　　　　　④ 가시
⑤ 단추

미루어알기 4. 글을 읽고 알맞게 떠올린 생각은 어느 것입니까?

① 물건은 모두 본떠 만든 것이다.
② 칫솔걸이에는 빨판이 있어야 한다.
③ 주변을 열심히 관찰하면 발명할 수 있다.
④ 털이 여러 개 있으면 멀리까지 날아갈 수 있다.
⑤ 숲속을 걸을 때는 가죽으로 된 바지를 입는 편이 좋다.

세부내용 5. ㉠을 대신하여 쓸 수 있는 낱말은 무엇입니까?

① 본떠　　　　　② 붙여
③ 달아　　　　　④ 날려
⑤ 떼어

점수

1~5번 문제의 점수를 더하여 총점을 쓰고 150쪽의 표에 막대그래프로 표시하세요.

독해력 키움 | 11. 설명하는 글 읽기(11)

평가요소 1. ☐ 20점 | 2. ☐ 20점 | 3. ☐ 20점 | 4. ☐ 20점 | 5. ☐ 20점

154쪽 표의 해당하는 번호에 체크하세요.

가자미는 가오리가 가까이 오는 것을 눈치챘어요.
"가오리에게 잡아먹히겠군. 변해라, 얍!"
가자미가 감쪽같이 모래 색깔로 몸 색깔을 바꾸어요.
바위 위에서는 순식간에 바위 색깔로 몸 색깔을 바꾸어요.

하얀 알들이 바위틈에서 꿈틀꿈틀 움직여요.
"톡톡톡톡, 쏘옥쏘옥!"
알주머니를 찢고 알록달록한 아기 오징어들이 나와요.
"야호, 넓은 바다야! 아기 오징어들이 힘차게 헤엄쳐요.

가시복은 적을 만나면 온몸을 공처럼 (㉠   ) 부풀려요.
"가시야 솟아라. 마구 솟아라!"
그러자 온몸이 뾰족뾰족 가시 옷으로 변해요.
"흐흐, 내 가시 맛 좀 볼래? 적들은 깜짝 놀라 달아나요.

불가사리가 해삼을 잡아먹으려고 하자, 해삼이 꾀를 내요.
"불가사리야, 나 대신에 이걸 먹으렴!"
해삼은 국수처럼 생긴 것을 토하고는 얼른 달아나요.
"헤헤! 불가사리야, 끈적거리지? 빠져나올 수 없을걸."

주제찾기

1. 읽은 내용 전체를 잘 이해한 것을 고르세요.

① 동물은 몸의 색깔을 바꾸고 산다.
② 바다에는 여러 가지 동물들이 산다.
③ 작은 동물들은 꿈틀꿈틀 자기 몸을 움직인다.
④ 동물들은 바다와 뭍을 오가며 먹이를 구하여 먹는다.
⑤ 뭍에 사는 동물은 바다에서 사는 동물보다 몸집이 훨씬 크다.

관련 교과 **과학**
[슬기로운 생활]

제목찾기 2. 알맞은 낱말을 넣어서 제목을 붙이세요.

□□에 사는 동물

사실이해 3. 글에 나오지 않은 동물은 무엇입니까?

① 가자미 ② 오징어
③ 가시복 ④ 해삼
⑤ 해마

미루어알기 4. 바다 동물이 적을 물리친 무기는 무엇입니까?

① 알 ② 색깔
③ 바위 ④ 가시
⑤ 국수

세부내용 5. ㉠에 들어갈 낱말은 무엇입니까?

① 팡팡 ② 핑핑
③ 퐁퐁 ④ 푹푹
⑤ 픽픽

점수

1~5번 문제의 점수를 더하여 총점을 쓰고 150쪽의 표에 막대그래프로 표시하세요.

독해력 키움 | 12. 설명하는 글 읽기(12)

평가요소 1. ☐ 20점 2. ☐ 20점 3. ☐ 20점 4. ☐ 20점 5. ☐ 20점

154쪽 표의 해당하는 번호에 체크하세요.

　식물은 주로 생김새나 쓰임새, 특징에 따라 이름을 붙여요. 그래서 이름만으로도 식물에 대해 많은 것을 알 수 있지요.

　애기똥풀은 잎과 줄기를 자르면 아기의 똥색 같은 즙이 나오기 때문에 이런 이름이 붙었어요. 노루귀는 땅속에서 털이 돋은 잎이 말려 나오는 모습이 노루의 귀처럼 생겨서 그렇게 부르지요. 국수나무는 어떨까요? 껍질도 속도 하얗고, 길게 늘어진 모습이 마치 국수처럼 보인다고 해서 붙은 이름이에요. 할미꽃은 꽃이 땅을 굽어보고 흰 털이 있어서 진짜 허리가 구부러지고 머리까지 하얗게 센 할머니처럼 보이기도 해요.

　쓰임새에 따라 이름을 붙이기도 해요. 참빗살나무는 옛날에 쓰던 참빗의 재료가 되었던 나무이고, 옻나무는 가구나 나무그릇에 윤을 내기 위해 옻칠을 하는 데 쓰였어요. 신갈나무의 유래는 아주 재미있어요. 옛날에 나무꾼들이 산속에서 신고 가던 짚신이 떨어지면 신갈나무의 잎을 깔았대요. (　㉠　) '신을 간다'는 뜻에서 신갈나무라는 이름이 붙었지요.

주제찾기　**1.** 어떤 물음에 답하는 글입니까?

① 식물의 이름이 있나요?
② 식물과 동물은 다른가요?
③ 식물에 어떤 특징이 있나요?
④ 식물 이름은 어떻게 지을까요?
⑤ 식물을 볼 수 있는 곳은 어디인가요?

제목찾기　**2.** 글의 내용과 어울리게 제목을 붙이세요.

☐☐ ☐☐ 짓기

관련 교과 **과학**
[슬기로운 생활]

사실이해 3. 쓰임새에 따라 이름을 붙인 식물은 무엇인가요?

① 노루귀
② 할미꽃
③ 애기똥풀
④ 국수나무
⑤ 참빗살나무

미루어알기 4. 특징에 따라 이름이 붙여진 것으로 볼 수 있는 식물은 어느 것입니까?

① 갯메꽃 – 해안이나 계곡, 갯벌 등에서 자란다.
② 갈퀴덩굴 – 줄기에 갈퀴같이 생긴 작은 가시 털이 나 있다.
③ 생강나무 – 잎을 비비거나 줄기를 꺾으면 생강 냄새가 난다.
④ 털부처꽃 – 습지나 습지 주변에 자라며, 줄기에 잔털이 나 있다.
⑤ 옻나무 – 가구나 나무그릇에 윤을 내기 위해 옻칠을 하는 데 쓰인다.

세부내용 5. ㉠에 들어갈 낱말은 무엇입니까?

① 그리고
② 그래서
③ 그러면
④ 그러나
⑤ 그런데

점수

1~5번 문제의 점수를 더하여 총점을 쓰고 150쪽의 표에 막대그래프로 표시하세요.

독해력 키움 | 13. 설명하는 글 읽기(13)

| 평가요소 | 1. ☐ 20점 | 2. ☐ 15점 | 3. ☐ 15점 | 4. ☐ 15점 | 5. ☐ 15점 | 6. ☐ 20점 |

154쪽 표의 해당하는 번호에 체크하세요.

㉠땅과 물은 생명을 탄생시키고 키우는 소중한 것이에요. 농사를 짓고 고기를 잡던 우리 조상들에게 땅과 물은 아주 소중했지요. 그래서 땅과 물에 관한 우리말을 여러 가지로 표현했어요. 또 우리말에는 눈의 아름다움과 힘겨운 고난을 뜻하는 말이 많아요.

농사를 짓지 않고 오래 내버려 둔 밭은 풀이 우거지고, 흙이 쓸려나가 농사를 짓기 어려워요. 이렇게 거칠어진 밭을 '묵정밭'이라고 해요. '개흙'은 강이나 개천가에 있는 거무스름한 색의 미끈미끈하고 고운 흙이에요. 많은 영양분이 섞여 있어 거름으로 쓰기 좋은 흙이지요. '민둥산'은 나무가 없는 벌거숭이산을 가리키는 말이에요. '모래톱'은 강가나 바닷가에 있는 넓은 모래벌판을 말해요.

'윤슬'은 햇빛이나 달빛에 비쳐 반짝거리는 잔물결을 가리켜요. 달빛이 밝은 밤에 호수나 강, 잔잔한 바다에서 볼 수 있지요. '여울'은 강이나 바다의 바닥이 얕거나 폭이 좁아 물살이 빠르고 세차게 흐르는 곳이에요. '허허바다'는 끝없이 넓고 큰 바다를 가리키는 말이에요. 이와 비슷한 표현으로는 끝없이 넓고 큰 벌판을 가리키는 '허허벌판'이라는 말도 있어요.

눈이 와서 쌓인 상태 그대로 아무도 밟지 않고 깨끗한 눈을 '숫눈'이라고 해요. 숫눈의 '숫'은 '(㉡)'이라는 뜻이 있어요. '자국눈'은 많이 쌓이지 않고 발자국이 찍힐 정도로 적게 내린 눈을 말해요. '눈석임'은 쌓인 눈이 속으로 녹아 없어지는 것을 말해요. 눈이 녹아내린 물은 '눈석임물'이라고 하지요.

'눈바람'은 눈과 함께 또는 눈 위로 불어오는 차가운 바람을 가리키는 말이에요. 겨울에 눈과 함께 부는 바람은 매섭고 차갑지요. 그래서 심한 고난을 비유적으로 가리킬 때도 '눈바람'이라는 말을 써요. '잣눈'은 많이 내려 아주 높이 쌓인 눈을 가리켜요. 높이 쌓인 눈 중에 거의 한 길이나 되게 많이 온 눈은 '길눈'이라고 해요.

주제찾기 1. 글의 중심 내용은 무엇입니까?

① 우리말은 소리가 아름답다.
② 우리말은 뜻을 싣기가 아주 쉽다.
③ 우리말에는 땅, 물, 눈을 표현한 말이 많다.
④ 우리말을 사랑하는 마음을 가져야 한다.
⑤ 우리말을 표현하는 글자가 있다.

글감찾기 2. 글의 내용을 이루기 위해 끌어들인 자연물 세 가지를 모두 찾아 쓰세요.

☐, ☐, ☐

사실이해 3. 글에 자세히 설명한 내용은 어느 것인가요?

① 눈의 아름다움
② 기름진 묵정밭
③ 어두컴컴한 윤슬
④ 좁고 꽉 막힌 허허벌판
⑤ 비가 흘러서 내린 눈석임물

관련 교과 **과학**
[즐거운 생활]

미루어알기

4. ㉠을 읽고 떠올릴 수 있는 사람은 누구입니까?

① 삼촌　　　　　　　② 사촌
③ 아버지　　　　　　④ 어머니
⑤ 할아버지

세부내용

5. ㉡에 들어갈 알맞은 말은 무엇입니까?

① 무척 밝은
② 숯처럼 까만
③ 깨끗해서 갖고 싶은
④ 하얀 강아지 털 같은
⑤ 더럽혀지지 않아 깨끗한

적용하기

6. '나뭇가지에 꽃이 핀 것처럼 얹힌 눈'에 붙일 이름으로 알맞은 것을 고르세요.

① 꽃눈　　　　　　　② 눈꽃
③ 잣눈　　　　　　　④ 길눈
⑤ 눈길

점수

1~6번 문제의 점수를 더하여 총점을 쓰고 150쪽의 표에 막대그래프로 표시하세요.

독해력 키움 | 14. 설명하는 글 읽기(14)

| 평가요소 | 1. ☐ 20점 | 2. ☐ 15점 | 3. ☐ 15점 | 4. ☐ 15점 | 5. ☐ 15점 | 6. ☐ 20점 |

154쪽 표의 해당하는 번호에 체크하세요.

   '불'은 빛과 열을 내뿜는 물체, 또는 그렇게 내뿜은 일을 뜻해요. 아득한 옛날부터 사람들의 생활에서 아주 중요한 수단이 되어 왔죠. 불은 아득한 옛날에 사람을 침팬지나 원숭이 등의 다른 영장류[1]로부터 구별되게 하였어요. 그리고 사람은 불이라는 크나큰 힘을 내는 물질을 얻게 됨으로써 따뜻함과 빛을 이용할 수 있게 되었죠. 또 음식물을 조리하고 여러 가지 생활에 필요한 도구를 만들어 냈으며, 쇠붙이를 이용할 수 있게 되었어요. 이렇게 불의 덕택으로 자연을 지배하기 시작하였어요. 오늘에 이르기까지, 자연 그대로의 원시적 생활을 벗어나 발전되고 세련된 삶을 이룩할 수가 있었어요.

   불은 사람들의 생활에서 주요한 수단이 되어 왔어요. 돌로 만든 도구의 사용과 함께 불의 사용은 원시시대의 사람들을 다른 영장류로부터 구별되게 하였어요. 그리고 불의 사용으로 인류는 원래부터 살고 있었던 열대[2] 지역을 떠날 수가 있게 되었어요. 또 여러 가지의 어려운 환경을 이겨낼 수 있게 되어 진화[3]와 발전을 빠르게 할 수 있었다고 생각할 수 있어요.

   이렇게 널리 문명의 (㉠)가 되었던 불은 또한 사람에게 여러 가지 상상력을 불러일으키기도 하였어요. 흔히 그것은 생명을 이루어내는 힘, 또는 이름 붙이기 어려운 무엇인가를 만들어 내는 힘을 머릿속에 떠올리게 하는 것으로 여겨졌어요. 불은 또 그것이 가지고 있는 무서운 파괴력을 떠올리게 하였어요. 그래서 흔히 ㉡<u>나쁜 것을 물리치는 깨끗한 힘</u>, 또는 깨끗하게 하는 힘을 가진 것으로 여겨졌어요.

Note
[1] 가장 큰 능력을 지닌 동물로 얼굴이 짧으며 가슴에 한 쌍의 젖이 있다. 손으로 물건을 질 수 있다.
[2] 1년 동안의 평균 기온이 20℃ 이상, 또는 가장 추운 달의 평균 기온이 18℃ 이상인 지역으로, 1년 내내 기온이 높고 비가 오는 양이 많은 것이 특징이다. [3] 일이나 사물 따위가 점점 발달하여 감.

주제찾기 1. 중심 내용을 알맞게 표현한 것은 어느 것인가요?

① 불 때문에 일어난 일
② 불로 음식물 조리하기
③ 불로 만들 수 있는 도구
④ 불에 의해 할 수 있는 생각
⑤ 불 덕택으로 할 수 있게 된 일

글감찾기 2. 글감으로 삼은 낱말을 글에서 찾아 쓰세요.

사실이해 3. 글에서 가장 먼저 말한 것은 무엇인가요?

① '불'의 따뜻함과 빛
② '불'과 옛날 사람들
③ '불'이 품고 있는 뜻
④ '불'로 만든 여러 도구
⑤ '불' 덕택으로 이룬 발전

관련 교과 과학
[즐거운 생활]

미루어알기

4. 글을 읽고 알맞게 떠올린 생각은 어느 것인가요?

① 불은 자연을 지배한다.
② 돌로는 도구를 만들지 못한다.
③ 사람들은 생활의 도구를 찾는다.
④ 불 덕택에 편리하게 살 수 있게 되었다.
⑤ 불은 사람에게 무서운 생각을 하도록 한다.

세부내용

5. ㉠에 알맞은 낱말은 무엇인가요?

① 불씨　　② 진화
③ 터전　　④ 삶터
⑤ 일터

적용하기

6. ㉡에서 떠올릴 수 있는 말을 고르세요.

① 빈다.
② 누른다.
③ 타이른다.
④ 꾸짖는다.
⑤ 태워 없앤다.

점수

1~6번 문제의 점수를 더하여 총점을 쓰고 150쪽의 표에 막대그래프로 표시하세요.

14. 설명하는 글 읽기(14) 47

독해력 키움 15. 설명하는 글 읽기(15)

| 평가요소 | 1. ☐ 20점 | 2. ☐ 20점 | 3. ☐ 15점 | 4. ☐ 15점 | 5. ☐ 15점 | 6. ☐ 15점 |

154쪽 표의 해당하는 번호에 체크하세요.

낱말, 혹은 단어는 뜻을 가지고 홀로 쓰일 수 있는 가장 작은 말의 덩어리를 일컬어요. 그러니까 '아침', '하늘', '노래' 등은 모두 낱말이지요. 그럼 어휘란 뭘까요? 그것은 정해진 테두리 안에서 사용되는 낱말의 묶음이나 낱말 전부를 뜻해요.

낱말이나 어휘는 혼자 있지 않고 다른 낱말이 앞이나 뒤에 나오는 글 속에서 그 뜻을 잘 드러낼 수 있어요. 글을 쓸 때 여러 가지의 많은 어휘를 알고 사용할 수 있다면 글 속에서 잘 어울리는 알맞은 뜻을 드러낼 수 있어요. 그러면 ㉠<u>자기가 생각하는 것을 훨씬 생생하고 또렷하게 상대방에게 전할 수 있겠지요.</u>

문장이란 말하고 싶은 하나의 생각이나 느낌을 담은 말의 묶음이에요. 문장을 통해서 비로소 온전하게 생각이나 느낌을 드러낼 수 있어요. 문장은 말하는 뜻이 무엇인지에 따라 ① 풀이하는 문장, ② 묻는 문장, ③ 느낌을 나타내는 문장, ④ 시키는 문장, ⑤ 함께 하자는 문장으로 나눌 수 있어요.

- 풀이하는 문장: 비가 온다. 학교에 간다.
- 묻는 문장: 잘 있었니? 숙제 다 했어?
- 느낌을 나타내는 문장: 이 문제 정말 어렵구나! 얼마나 좋을까!
- 시키는 문장: 빨리 청소해라. 4시까지 와.
- 함께 하자는 문장: 집에 같이 가자. 축구시합을 하러 가자.

주제찾기 1. 글 전체 내용은 무엇입니까?

① 뜻을 가지는 말의 종류
② 낱말의 묶음과 어휘의 묶음
③ 글을 쓸 때 사용할 수 있는 어휘
④ 생각을 나타내는 여러 가지 말의 덩어리
⑤ 하나의 생각이나 느낌을 담을 수 있는 말의 길이

제목찾기 2. 빈칸을 채워 글의 제목을 붙이세요.

☐☐ 나타내기

사실이해 3. 글에서 설명하지 <u>않은</u> 것은 어느 것인가요?

① 낱말
② 단어
③ 어휘
④ 문장
⑤ 구절

미루어알기 4. ㉠의 까닭은 무엇입니까?

① 낱말을 떠올릴 수 있어서
② 큰 소리로 말을 할 수 있어서
③ 정확하게 어휘를 고를 수 있어서
④ 낱말의 뜻을 여러 가지로 새길 수 있어서
⑤ 문장의 길이를 마음대로 다스릴 수 있어서

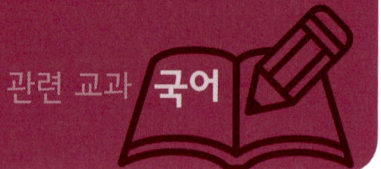

세부내용 5. 문장은 무엇으로 끝납니까?

① 흉내말
② 문장 부호
③ 띄어쓰기
④ 맞춤법
⑤ 쉼표

적용하기 6. 묻는 문장이면서 시키는 문장도 될 수 있는 것은 어느 것입니까?

① 이제 숙제 다 했어?
② 이제야 숙제를 마쳤어.
③ 아하, 숙제 다 했구나!
④ 어서 숙제를 다 하여라.
⑤ 서둘러 숙제를 다 하자.

1~6번 문제의 점수를 더하여 총점을 쓰고 150쪽의 표에 막대그래프로 표시하세요. | 점 수

독해력 키움 | 16. 설명하는 글 읽기(16)

| 평가요소 | 1. ☐ 20점 | 2. ☐ 15점 | 3. ☐ 15점 | 4. ☐ 15점 | 5. ☐ 15점 | 6. ☐ 20점 |

154쪽 표의 해당하는 번호에 체크하세요.

하루하루 보고 들은 일과 그 일에 대한 느낌과 생각을 적은 글이 일기예요. 일기는 스스로 겪은 일을 있었던 대로 적어 놓아 나중에 무슨 일이 있었던지 알게 해요. 게다가 생활을 반성하게 하여 더욱 훌륭한 사람으로 커갈 수 있도록 하는 글입니다.

일기를 쓸 때 어떤 것들을 지키면 될까요?

첫째, 하루를 돌아보았을 때 가장 먼저 생각나는 것이나 가장 중요했던 일을 글감으로 잡아서 써야 해요. 여러 가지 일이 생각난다고 해서 다 쓰는 것보다 한 가지 일을 중심으로 자세히 쓰는 것이 좋아요. 예를 들면, 가장 즐거웠거나 행복했던 일, 가장 슬펐던 일, 가장 신기했던 일, 가장 놀랐던 일, 가장 감동하였던 일 등, 큰 인상을 주면서 일어난 일을 쓰는 게 좋아요. 매일 똑같이 반복되는 일을 쓴다면 매일매일 똑같은 내용의 일기가 될 테니까 그건 좋지 않아요.

둘째, 솔직하게 써야 좋아요. (㉠), 내가 꾸중 들은 일을 동생이 꾸중 들은 일처럼 꾸며서 쓰면 안 되겠지요. 그건 나의 일기가 아니니까요. 거짓을 참말처럼 꾸며 쓴 내용은 일기가 될 수 없어요.

셋째, 보고, 듣고, 한 일만 그대로 옮겨 쓰는 것보다 그것에 대한 생각과 느낌을 자세히 써야 해요. 일기는 단순히 사실만 쓰는 글이 아니므로 자기 생각이나 느낌을 쓰는 것이 중요해요.

여러 가지 형식의 일기를 써 보는 것도 좋아요. 일기 쓰는 일이 지겹지 않고, 재미있게 쓸 수도 있고, 또 꾸준히 쓸 수 있도록 힘을 보태어 줄 수 있으니까요. 보통으로 쓰는 일기는 그냥 생활 일기라고 해요. 그런가 하면 편지 형식으로 쓰는 편지 일기도 있어요. 또 독서, 텔레비전 프로그램, 영화, 연극, 비디오, 음악, 미술 작품 등을 감상하고 내용을 간추려 쓰거나 느낌과 생각을 쓰는 감상 일기도 있지요. 기록 일기는 어떤 것을 관찰하거나 겪으면서 일어난 일을 쓰는 거예요. 그림을 그리는 그림일기, 만화를 붙이거나 직접 그리는 만화 일기도 있어요. 또 사진을 붙여도 괜찮아요. 이처럼 일기는 여러 가지 형식으로 쓸 수 있어요.

주제찾기 1. 무엇을 중심 내용으로 전하고 있는 글입니까?

① 일기를 써야 할 때
② 일기 쓰기에 좋은 글감
③ 일기 쓸 때 지키면 좋은 것
④ 일기를 쓰면서 즐거워지는 때
⑤ 일기를 쓰면서 받게 되는 인상

글감찾기 2. 글감으로 삼은 것을 글에서 찾아 한 낱말로 쓰세요.

사실이해 3. 글의 처음 내용은 어떤 물음에 답하고 있습니까?

① 일기란 무엇인가요?
② 일기는 언제 쓰나요?
③ 일기는 어디에서 쓰나요?
④ 일기는 항상 써야 하나요?
⑤ 일기를 쓰면 건강에 좋은가요?

미루어알기

4. 바람직한 일기의 내용이라 할 수 있는 것은 어느 것인가요?

① 기억하기 어려운 내용
② 매일 똑같이 일어나는 일
③ 다른 사람에게 전하고 싶은 것
④ 자신의 솔직한 생각이나 느낌을 쓴 것
⑤ 누가 보아도 사실이라고 여길 수 있는 것

세부내용

5. ㉠에 알맞은 말은 무엇인가요?

① 왜냐하면
② 예를 들어
③ 다른 한편
④ 이와 같이
⑤ 이와 달리

적용하기

6. 일기를 쓸 때 지키면 좋은 것을 고르세요.

① 이름을 쓰는 것이 좋아요.
② 제목을 붙이는 것도 좋아요.
③ 편지 쓸 때처럼 쓰는 게 좋아요.
④ 옛날이야기와 같은 말투가 좋아요.
⑤ 어려운 말을 골라서 쓰는 게 좋아요.

1~6번 문제의 점수를 더하여 총점을 쓰고 150쪽의 표에 막대그래프로 표시하세요.

점수

독해력 키움 | 17. 설명하는 글 읽기(17)

| 평가요소 | 1. ☐ 20점 | 2. ☐ 15점 | 3. ☐ 15점 | 4. ☐ 20점 | 5. ☐ 15점 | 6. ☐ 15점 |

154쪽 표의 해당하는 번호에 체크하세요.

　말로 생각이나 느낌을 다른 사람에게 전하여 알아들을 수 있도록 하는 것을 '말하기'라고 합니다. 말하기는 글자가 아니라 입으로 하는 말을 통해서 뜻을 전합니다. 듣기가 남이 한 말을 받아들이는 것이라면, 말하기는 마음속에 있는 것을 말을 통해 드러내는 것이라는 차이가 있습니다. 이러한 말하기는 생각이나 느낌을 전하고 받아들이는 기본적 수단이에요. 또한, 몸짓이나 말의 세기, 노래 등을 보태어 말하기를 하면 더욱 효과적으로 뜻을 전할 수 있어요.

　말하기는 말하는 사람이 생각과 느낌을, 듣는 사람에게 입으로 하는 말이나 몸으로 하는 말로 표현하는 것이지요. 이때의 입으로 하는 말은 입말이라 하며, 몸으로 하는 말은 표정, 손짓, 발짓, 몸짓 따위로 표현하는 몸말을 뜻해요. 대개의 경우는 이 둘이 동시에 사용되어요. 상대방과 뜻을 주고받는 중요한 수단인 말하기가 사용되는 예를 들어볼까요. 말하는 사람은 듣는 사람의 생각을 변화시키려는 마음을 먹고 주장을 펼쳐요. 또 필요한 정보를 알아내기 위해 질문도 하며, 어떤 일을 해주도록 요청하기도 해요. 이러한 점에서 말하기는 뜻을 주고받는 중요한 수단이에요.

　말하는 사람과 듣는 사람 사이에서 말을 통해 뜻을 받아들이는 '듣기'가 있어요. 듣기는 뜻을 드러내는 말하기와 달리 말한 사람의 뜻을 받아들입니다. 따라서 듣기를 할 때는 들을 내용에 대한 준비가 필요해요. 또 듣는 중에는 기억을 더욱 쉽게 하기 위해, 내용 중 중요한 것을 골라서 적어두는 것이 좋습니다.

주제찾기 1. 설명한 중심 내용은 무엇입니까?

① 말하기의 자세한 뜻
② 듣기를 바르게 하는 방법
③ 말하고 들을 때의 올바른 자세
④ 말을 통해 생각과 느낌을 전하고 받기
⑤ 말이 우리의 생각을 만들어내는 여러 가지 방법

제목찾기 2. 낱말을 빈칸에 넣어 글의 제목을 붙이세요.

□□□와 □□

사실이해 3. '말을 통해 뜻 전하기'를 무엇이라고 하나요?

① 말하기   ② 듣기
③ 쓰기   ④ 읽기
⑤ 새기기

관련 교과 국어

미루어알기

4. '듣기'를 할 때 가장 필요한 일로 볼 수 있는 것은 어느 것입니까?

① 녹음기를 준비한다.
② 연필과 공책을 마련한다.
③ 차분하게 마음을 가다듬는다.
④ 마음에 들지 않는 말은 듣지 않는다.
⑤ 상대가 어떤 말을 할지 미리 떠올려본다.

세부내용

5. 소리를 수단으로 하는 말하기는 어느 것입니까?

① 표정
② 입말
③ 손짓
④ 발짓
⑤ 몸짓

적용하기

6. 억울하고 슬픈 일을 당했을 때 어떻게 말하면 좋을까요?

① 당당하게
② 큰소리로
③ 울먹이면서
④ 찡그리면서
⑤ 손뼉을 치면서

점수

1~6번 문제의 점수를 더하여 총점을 쓰고 150쪽의 표에 막대그래프로 표시하세요.

독해력 키움 | 18. 설명하는 글 읽기(18)

| 평가요소 | 1. ☐ 20점 | 2. ☐ 15점 | 3. ☐ 15점 | 4. ☐ 15점 | 5. ☐ 15점 | 6. ☐ 20점 |

154쪽 표의 해당하는 번호에 체크하세요.

　세상의 글자는 대개 누가 언제 만들었는지 정확하게 알려져 있지 않아요. 하지만, 우리 글자인 한글은 누가 언제 만들었는지 정확하게 알려져 있어요. 한글은 600여 년 전쯤 세종대왕과 도와주던 여러 학자가 만들었어요. 한글의 처음 이름은 '훈민정음'이에요. '백성을 가르치는 바른 소리'라는 뜻이지요.

　한글을 만든 세종대왕은 훈민정음을 만든 까닭을 밝혔어요. "우리나라 말이 중국말과 달라서 어리석은 백성들이 말하고 싶은 것이 있어도 스스로 뜻을 말하지 못하는 사람이 많다. 내가 이런 사정을 딱하게 여겨 새로 28자를 만들었다."라고 말입니다. 한글을 만들기 전에는 우리 글자가 없었기 때문에 중국 글자인 한자를 빌려 썼지요. 입으로 하는 말과 손으로 쓰는 글이 다른데다가 한자는 어려워서 백성들이 배우고 쓰기 힘들었어요. 그래서 세종대왕은 백성들이 쉽게 배우고 쉽게 쓸 수 있는 우리 글자를 만든 거예요. 한글은 다른 나라 글자를 본뜨거나 받아들여 비슷하게 만든 것이 아닙니다. 소리가 나는 입과 목의 위치, 하늘과 땅과 사람의 모양을 본떠 우리의 힘으로 새롭게 만든 글자예요.

　소리가 나는 입과 목의 위치를 본떠 자음의 기본 글자를 만들었기 때문에 글자의 모양만 보면 그 글자의 소리를 짐작할 수 있어요. 또한, 기본 글자에 획을 더하여 같은 종류의 글자를 더 만들어 내는 방법(ㄱ-ㅋ-ㄲ)은 대단히 훌륭한 방법이에요. 모음은 하늘의 둥근 모양을 본뜬 'ㆍ'와 땅의 평평한 모양을 본뜬 'ㅡ', 사람이 서 있는 모양을 본뜬 'ㅣ'를 기본 글자로 삼고, 이들을 합쳐서 다시 다른 글자를 만들었지요.

주제찾기　**1.** 글의 중심 내용은 무엇입니까?

① 한글이 만들어진 때　　　② 한글이라는 이름의 뜻
③ 한글을 만든 이유와 만든 방법　　　④ 한글로 전하지 못하는 뜻
⑤ 한글의 자음과 모음

글감찾기 2. 글감을 글에서 찾아 한 낱말로 쓰세요.

사실이해 3. 글에 나온 내용은 어느 것입니까?

① 한글은 처음에 '훈민정음'이라 불렀다.
② 한글을 만든 까닭은 밝혀지지 않았다.
③ 한글은 세종대왕이 24자를 만들었다.
④ 한글이 만들어지기 전에 말이 없었다.
⑤ 한글은 다른 글자를 본떠 만들었다.

미루어알기 4. 한글이 좋은 글자라고 할 수 있는 까닭은 무엇입니까?

① 입으로 하는 말
② 손으로 쓰는 글
③ 입과 손을 모두 사용하는 말
④ 쉽게 배우고 쉽게 쓸 수 있는 글자
⑤ 쉽게 배우지만 쓰기가 쉽지 않은 글자

관련 교과 **국어**

세부내용 5. 소리가 나는 입과 목의 위치를 본떠 만든 것은 무엇입니까?

① 모음
② 자음
③ 한자
④ 한문
⑤ 글자

적용하기 6. 하늘의 둥근 모양을 본뜬 'ㆍ'와 땅의 평평한 모양을 본뜬 'ㅡ'를 합쳐 만든 글자는 어느 것입니까?

① ㅏ
② ㅓ
③ ㅑ
④ ㅕ
⑤ ㅗ

점 수

1~6번 문제의 점수를 더하여 총점을 쓰고 150쪽의 표에 막대그래프로 표시하세요.

독해력 키움 | 19. 설명하는 글 읽기(19)

| 평가요소 | 1. ☐ 20점 | 2. ☐ 15점 | 3. ☐ 15점 | 4. ☐ 15점 | 5. ☐ 15점 | 6. ☐ 20점 |

154쪽 표의 해당하는 번호에 체크하세요.

만약 짧은 바늘이 숫자 1을 가리키면 1시, 숫자 2를 가리키면 2시가 되는 거야. 이때, 긴 바늘은 반드시 숫자 12를 가리켜야 해. 예를 들어 짧은 바늘이 숫자 3을 가리키고, 긴 바늘이 숫자 12를 가리키면 3시가 되는 거야.

12시에는 짧은 바늘과 긴 바늘이 겹치게 돼.

7시   12시

긴 바늘이 숫자 1을 가리키면 몇 분일까? 숫자 1은 다섯째 번 눈금이니까 5분을 나타내. 그러니까 만약 긴 바늘이 숫자 2를 가리키면 10분, 숫자 3을 가리키면 15분이 되는 거지.

5시 55분을 6시 5분 전이라고 해.

3시 30분   5시 55분

시계의 짧은 바늘은 '시'를 나타낸다고 해서 '시침'이라고 하고, 긴 바늘은 '분'을 나타낸다고 해서 '분침'이라고 해. 시침과 분침만 있는 시계도 있고, 초를 나타내는 '초침'도 함께 있는 시계도 있어. 그럼 초침은 어떻게 읽냐고? 간단해. 분침과 같은 방법으로 읽으면 돼. 초침이 가리키는 작은 한 눈금은 1초를 나타내므로 초침이 숫자 1을 가리키면 5초, 숫자 2를 가리키면 10초라고 읽어.

주제찾기 1. 무엇을 설명하고 있습니까?

① 시계의 생김새
② 시각을 알리는 숫자
③ 시계 보고 시각 알기
④ 시계에 나와 있는 숫자
⑤ 시간이 지나갈 때의 느낌

글감찾기 2. 숫자가 그려진 둥근 물건의 이름을 글에서 찾아 쓰세요.

사실이해 3. 시계에서 볼 수 없는 것은 무엇입니까?

① 숫자　　　　　② 시침
③ 분침　　　　　④ 초침
⑤ 소리

미루어알기

4. 시계에 나와 있는 가장 작은 수와 가장 큰 수는 각각 무엇입니까?

① 1, 12
② 2, 11
③ 3, 10
④ 4, 9
⑤ 5, 8

세부내용

5. 분침이 9에 있으면 몇 분입니까?

① 15분
② 25분
③ 35분
④ 45분
⑤ 55분

적용하기

6. 2시 37분일 때 시침은 어디에 있나요?

① 1과 2 사이
② 2와 3 사이
③ 3과 4 사이
④ 4와 5 사이
⑤ 5와 6 사이

1~6번 문제의 점수를 더하여 총점을 쓰고 150쪽의 표에 막대그래프로 표시하세요.

점수

독해력 키움 | 20. 설명하는 글 읽기(20)

평가요소 | 1. ☐ 20점 | 2. ☐ 15점 | 3. ☐ 15점 | 4. ☐ 15점 | 5. ☐ 15점 | 6. ☐ 20점

154쪽 표의 해당하는 번호에 체크하세요.

　필요한 모든 걸 혼자 만들어 쓸 수 있는 사람은 거의 없어요. 그래서 사람들은 자신이 만든 것과 다른 사람들이 만든 것을 서로 바꾸어 써요. 하지만 물건과 물건을 직접 맞바꾸는 건 불편해요. 그래서 필요한 것이 바로 돈이에요. 돈을 통해서 물건을 사고팔며 필요한 물건을 서로 바꾸는 거예요. 돈은 물건을 만들어 서로 바꾸어 생활을 편하고 넉넉하게 하려는 곳곳을 돌고 돌며 사람과 사람 사이를 서로 이어주지요.

　먼 옛날엔 돈이 없었어요. 물건과 물건을 직접 맞바꾸는 물물 교환을 했지요. 그런데 왜 돈을 만들었을까요?

　물물 교환은 여러 가지로 불편한 점이 많았어요. 내게 필요한 물건을 가진 사람을 찾기도 힘들었고, 찾았다 하더라도 그 사람이 내가 만든 물건이 필요하지 않다고 하면 물건을 서로 바꿀 수 없었거든요. 게다가 물물 교환을 하려면 물건을 들고 다녀야 하는데, 물건이 무겁거나 잘 상하는 것일 수도 있잖아요. 또 (㉠) 예를 들면 나는 돼지 한 마리와 쌀 두 가마를 바꾸고 싶은데, 상대방은 돼지 반 마리와 쌀 한 가마를 바꾸고 싶어 하면 물건을 서로 바꿀 수 없잖아요. 물물 교환의 이런 불편한 점을 없애기 위해 돈이 등장하게 된 거예요.

　돈은 오랜 시간 동안 여러 가지 모습으로 변해 왔어요. 처음엔 쌀, 소금, 조개껍데기 등의 물품이 돈으로 쓰였지요. 하지만 물품 화폐는 들고 다니기 불편하고 상하기 쉬웠어요. 그래서 금이나 은으로 돈을 만들었지요. 뒤이어 오늘날 쓰이는 동전, 지폐, 수표, 신용 카드, 전자 화폐 등이 차례로 나타났어요.

주제찾기　**1.** 글의 중심 내용은 무엇입니까?

① 돈을 만든 까닭　　　　② 돈이 필요한 사람
③ 돈을 찾아다니는 사람　④ 물건을 만드는 사람
⑤ 물건을 파는 사람

글감찾기   2. 글의 처음부터 끝까지 반복하여 나타난 낱말을 글에서 찾아 쓰세요.

사실이해   3. 글의 처음 부분의 중심이 되는 내용은 무엇인가요?

① 사람과 돈
② 돈의 필요성
③ 시장의 사람들
④ 물건 서로 바꾸기
⑤ 돈으로 물건 사는 방법

미루어알기   4. ㉠에 알맞은 말은 무엇입니까?

① 돈은 없어도 되지요.
② 돈은 물건과 다른 것이에요.
③ 필요한 물건이 없을 수도 있어요.
④ 필요한 물건이 서로 다를 수도 있지요.
⑤ 돈이 필요하다고 해서 아무나 만들 수는 없지요.

관련 교과 **사회**
[슬기로운 생활]

세부내용

5. '돈'이라는 말에서 떠올릴 수 있는 낱말은 무엇입니까?

① 있다
② 없다
③ 돌다
④ 가다
⑤ 오다

적용하기

6. 가장 최근에 돈의 구실을 하게 된 것은 무엇입니까?

① 쌀
② 금
③ 은
④ 동전
⑤ 신용 카드

점수

1~6번 문제의 점수를 더하여 총점을 쓰고 150쪽의 표에 막대그래프로 표시하세요.

독해력 키움 | 21. 설명하는 글 읽기(21)

| 평가요소 | 1. ☐ 20점 | 2. ☐ 15점 | 3. ☐ 15점 | 4. ☐ 15점 | 5. ☐ 15점 | 6. ☐ 20점 |

154쪽 표의 해당하는 번호에 체크하세요.

　　설이라는 말이 무엇에서 생겼는지는 정확하게 밝혀져 있지 않고 있어요. 다만, 이에 관한 여러 의견이 있는데 '삼가다'라는 뜻으로서, 새해의 첫날에 일 년 동안 아무 탈 없이 지내게 해 달라는 바람에서 비롯되었다고 생각하는 사람들이 있습니다. 그리고 '섧다'라는 말에서 비롯된 뜻으로, 해가 지남에 따라 점차 늙어 가는 처지를 서럽게 생각하는 뜻에서 생겼을 것으로 생각하는 사람들도 있어요. 또 '설다, 낯설다'의 뜻을 지니고 있어서, 새로 맞이하는 한 해에 익숙하지 않아서 완전하지 않다는 뜻에서 생겼다는 생각도 있습니다. 한 해를 새로 세운다는 뜻의 '서다'에서 생겼을 것이라는 생각도 있고요, 마지막으로 설이라는 말이 옛날 책에 '나이, 해'를 뜻하는 말로 쓰인 것으로 보아 '(　　㉠　　)'의 뜻을 가진 것으로 보는 생각이 있습니다.

　　우리나라에서 설에 관한 기록은 지금으로부터 1,000년도 더 지난 삼국 시대부터 찾아볼 수 있어요. 삼국 시대의 역사를 적어 놓은 『삼국사기』[1]에, 백제에서는 설맞이 행사를 하였으며, 신라에서는 정월 초하룻날에 왕이 궁전에 나와 모든 신하의 새해 축하를 받았는데 이때부터 새해를 축하하는 행사가 시작되었다고 쓰여 있습니다.

　　설은 일본이 우리나라를 다스렸던 100년 전쯤에 양력을 기준으로 삼으면서 강제적으로 쇠지 못하게 하였어요. 하지만 음력으로 설을 쇠는 오랜 전통이 우리 민족에게 굳게 자리 잡고 있었기 때문에 그다지 따르지 않았어요. 설을 양력으로 쇠게 하는 정책은 광복 후에도 그대로 이어져 양력설에 3일씩 공휴일로 삼기도 해 보았어요. 이러니까 오히려 양력설과 음력설을 두 번 쇠는 문제가 생겼습니다. 그래서 1985년 양력설과 구별하여 음력설을 '민속의 날'이라는 이름으로 부른 적도 있답니다. 그 이후에 음력설에 고향으로 돌아가는 사람들이 늘어나고 좋은 풍속을 기린다는 뜻이 더해지면서부터 '설날'로 이름을 되찾아 오늘에 이르고 있어요.

Note　[1] 고려 인종 23년(1145)에 김부식이 왕의 명령에 따라 펴낸 역사책. 신라, 고구려, 백제 세 나라의 역사를 적었다.

주제찾기 **1.** 어떤 물음에 답한 글인가요?

① 설은 언제인가요?
② 설은 누구의 명절인가요?
③ 설은 어떻게 시작하였나요?
④ 설을 기록한 책은 무엇인가요?
⑤ 설에 양력설이 있는 까닭은 무엇인가요?

글감찾기 **2.** 글감으로 삼은 명절의 이름을 쓰세요.

사실이해 **3.** '설'과 가장 거리가 먼 말은 어느 것입니까?

① 서다   ② 섧다
③ 삼가다   ④ 낮설다
⑤ 보내다

미루어알기

4. ㉠에 알맞은 말은 어느 것입니까?

① 몹시 조심하는 날
② 한 해를 새로 세우는 날
③ 나이를 한 살 더 먹는 날
④ 낯설게 느껴지는 새로운 날
⑤ 나이 들어가는 것을 서러워하는 날

세부내용

5. 설날에 하지 <u>않는</u> 것을 고르세요.

① 윷놀이
② 널뛰기
③ 팽이치기
④ 강강술래
⑤ 연날리기

적용하기

6. 설을 쇠어야 한다는 생각을 강하게 드러낸 말은 어느 것입니까?

① 우리의 좋은 풍속이지요.
② 한 해의 시작을 알리잖아요.
③ 어른들께 세배를 올려야지요.
④ 즐겁게 하루를 보낼 수 있잖아요.
⑤ 몸과 마음을 편히 쉬게 해야지요.

점 수

1~6번 문제의 점수를 더하여 총점을 쓰고 150쪽의 표에 막대그래프로 표시하세요.

독해력 키움 | 22. 설명하는 글 읽기(22)

| 평가요소 | 1. ☐ 20점 | 2. ☐ 15점 | 3. ☐ 15점 | 4. ☐ 15점 | 5. ☐ 20점 | 6. ☐ 15점 |

154쪽 표의 해당하는 번호에 체크하세요.

추석은 '중추절' 또는 '중추가절', '한가위'라고도 불러요. 가을의 한가운데, 곧 가을 중의 가을인 명절이에요. 추석 무렵은 좋은 계절이어서 "5월 농부, 8월 신선"이라는 말이 있지요. 5월은 농부들이 농사를 잘 짓기 위하여 땀을 흘리면서 등거리가 마를 날이 없지요. 8월은 한해 농사가 다 마무리된 때여서 봄철 농사일보다 힘을 덜 들이고 일을 해도 신선처럼 지낼 수 있다는 말이에요. 그만큼 추석은 좋은 날이라는 뜻이지요. "더도 말고, 덜도 말고, 늘 가윗날만 같아라."라는 속담이 있듯이, 추석은 한 해의 으뜸 명절입니다. 특히 농촌에서 가장 큰 명절이니 이때는 온갖 곡식이 익는 계절인 만큼 모든 것이 풍성하고 즐거운 놀이로 밤낮을 지내요.

보름달의 명절로도 일컬어지는 추석에는 몸도 마음도 넉넉해지기를 기리는 각종 세시풍속[1]이 행해져 왔어요. 조상에게 예를 갖추는 차례와 같이 엄숙한 세시풍속이 있고, 한바탕 흐드러지게 노는 세시 놀이 역시 넉넉하게 행해져요.

추석에는 송편을 빚어 조상에게 올려 차례[2]를 지내고 성묘하는 것이 중요한 행사예요. 추석 전에 조상의 산소를 찾아 벌초하여 여름 동안 묘소에 무성하게 자란 잡초를 베어주었어요. 추석날 아침에는 햇곡으로 빚은 송편과 각종 음식을 장만하여 조상님께 차례를 지내고 성묘를 했어요.

추석의 행사로 '올베심리'와 '풋바심'이 있어요. 올베심리란 주로 호남 지방에서 치르는 것으로 올벼를 조상님들께 올리는 일을 말해요. 올벼란 '일찍 수확한 벼'를 일컫는 것으로, 벼가 다 여문 무렵 혹은 채 여물기 전에 여문 부분을 골라 찧은 쌀이에요. 이 올벼를 술과 조기, 햇병아리, 햇무 같은 것들과 더불어 상에 차려 조상에게 바치고 온 집안 식구가 모여 그 음식을 나누어 먹어요.

Note
[1] 예부터 해마다 정해놓은 때에 치르는 행사. 집집마다 마을마다 또는 겨레 전체가 치렀다.
[2] 음력으로 달마다 초하룻날과 보름날, 명절날, 조상 생일 등의 낮에 지내는 제사. 오늘날은 명절날에만 올린다.

주제찾기 1. 중심 내용을 가장 잘 표현한 것을 고르세요.

① 추석에 하는 일
② 농사와 추석의 관계
③ 으뜸 명절인 추석의 행사
④ 추석에 뜨는 보름달
⑤ 추석에 먹는 쌀

글감찾기 2. 글에서 소개한 명절의 이름을 쓰세요.

사실이해 3. 글에 나오지 <u>않은</u> 낱말은 어느 것입니까?

① 가윗날　　　　　　② 한가위
③ 중추절　　　　　　④ 수릿날
⑤ 중추가절

미루어알기   **4.** 추석 무렵 농촌의 분위기는 어떠하다고 할 수 있습니까?

    ① 바쁘고 시끄럽다.
    ② 넉넉하고 한가롭다.
    ③ 포근하고 나른하다.
    ④ 눅눅하고 지루하다.
    ⑤ 싸늘하고 쓸쓸하다.

세부내용   **5.** 다음과 같은 뜻을 지닌 낱말은 무엇입니까?

> 무명으로 깃이 없고 소매가 짧거나 없게 만든다.

    ① 계절   ② 놀이
    ③ 속담   ④ 풋바심
    ⑤ 등거리

적용하기   **6.** 추석 전에 할 일은 무엇입니까?

    ① 벌초   ② 차례
    ③ 성묘   ④ 세배
    ⑤ 추모

점 수

1~6번 문제의 점수를 더하여 총점을 쓰고 150쪽의 표에 막대그래프로 표시하세요.

독해력 키움 | 23. 설득하는 글 읽기(1)

| 평가요소 | 1. ☐ 20점 | 2. ☐ 15점 | 3. ☐ 15점 | 4. ☐ 15점 | 5. ☐ 20점 | 6. ☐ 15점 |

155쪽 표의 해당하는 번호에 체크하세요.

어느 날 밤입니다.

서호가 자는 동안에 눈, 코와 입, 그리고 손, 발이 자기 자랑을 시작하였습니다.

내가 없으면 아무것도 볼 수 없어. 벽에 부딪히고 돌부리에 걸려 넘어질 거야. 그래서 너희는 온통 상처투성이가 될 거야. 내가 가장 훌륭한 일을 하고 있지. 그러니까 내가 최고야.

아니야, 네가 아무리 훌륭해도 우리가 없으면 소용이 없어. 우리가 없으면 숨을 쉴 수가 없잖아? 음식을 먹을 수도 없고 냄새를 맡을 수도 없지. 그러니까 우리가 최고야.

얘들아, 몸에서 나만큼 중요한 것이 또 있겠니? 내가 없으면 연필을 잡을 수 없고, 장난감을 가지고 놀 수도 없어. 예쁜 반지도 손가락에 끼우잖아? 그러니까 내가 최고야.

하하하, 몸 중에서 가장 높으신 내가 한 말씀을 하겠다. 너희는 내가 없으면 반듯하게 서 있을 수 없어. 사람들이 왜 양말과 신발을 신고 다니는지 아니? 다 내가 귀하기 때문이야. 그러니까 내가 최고야. 에헴!

주제찾기 1. 무엇을 하고 있는 내용입니까?

① 소개　　　　　② 자랑
③ 인사　　　　　④ 설명
⑤ 연설

글감찾기 2. 말하고 있는 것들을 전부 합쳐서 부르는 이름을 글에서 찾아 쓰세요.

사실이해

3. 글에서 목소리를 들을 수 없는 것은 무엇입니까?

① 눈　　② 코　　③ 귀　　④ 손　　⑤ 발

미루어알기

4. 입과 코가 함께 한 말은 어느 것입니까?

① 내가 없으면 아무것도 볼 수 없어.
② 내가 가장 훌륭한 일을 하고 있지.
③ 내가 없으면 연필을 잡을 수 없지.
④ 너희는 내가 없으면 반듯하게 서 있을 수 없어.
⑤ 음식을 먹을 수도 없고 냄새를 맡을 수도 없지.

세부내용

5. 맞춤법에 맞게 쓴 것을 고르세요.

① 신꼬　　② 냄세　　③ 노프신
④ 돌부리　　⑤ 장난깜

적용하기

6. 여럿이 모여 자기 자랑을 할 때 하는 말은 어느 것입니까?

① 내가 최고야.　　② 내가 할 거야.
③ 내가 해야 해.　　④ 나는 할 수 없어.
⑤ 나는 말을 안 할래.

점수

1~6번 문제의 점수를 더하여 총점을 쓰고 151쪽의 표에 막대그래프로 표시하세요.

독해력 키움 | 24. 설득하는 글 읽기(2)

| 평가요소 | 1. ☐ 20점 | 2. ☐ 15점 | 3. ☐ 15점 | 4. ☐ 20점 | 5. ☐ 15점 | 6. ☐ 15점 |

155쪽 표의 해당하는 번호에 체크하세요.

"고마워!"라고 말하면 / 아깝지 않아요.
귀찮다는 생각이 싹 달아나요.
언제 내가 힘들었나요?
(　　　㉠　　　)

"미안해."라고 말하면 / 숨고 싶은 마음,
입을 꾹 다물게 하는 마음이
조금 가벼워져요.

"괜찮아."라고 말하면
실수해도 괜찮아. / 틀려도 괜찮아.
못해도 괜찮아. / 괜히 힘이 나요.
다음에는 잘할 수 있을 것 같지요.

"힘내."라고 말하면
작은 씨앗이 커다란 돌멩이를 밀쳐내고,
친구가 무거운 역기를 번쩍 들고,
숨이 차도 끝까지 달리지요.

주제찾기　**1.** 어떤 말이 좋은 말이라고 했습니까?

① 내 마음에 드는 말　　② 친구에게 위로하는 말
③ 남의 기분을 좋게 하는 말　　④ 분위기에 어울리는 말
⑤ 거짓이 아닌 말

관련 교과 **국어**

제목찾기 2. 빈칸에 알맞은 낱말을 넣어 제목을 붙이세요.

> 세상에서 가장 □이 센 말

사실이해 3. 글에서 다루지 <u>않은</u> 말은 어느 것입니까?

① 힘내 ② 고마워 ③ 미안해
④ 괜찮아 ⑤ 서둘러

미루어알기 4. ㉠에 들어갈 알맞은 말은 무엇입니까?

① '아이 좋아.' ② '정말 힘들어.'
③ '이젠 안심이 되어.' ④ '더 도와줄 일은 없을까?'
⑤ '언젠가 은혜를 갚을 수 있을 거야.'

세부내용 5. '입을 조금도 벌리지 않는다.'라는 뜻을 지닌 낱말은 무엇입니까?

① 아깝다 ② 가볍다 ③ 다물다
④ 틀리다 ⑤ 밀치다

적용하기 6. 다음과 같은 경우에 할 말은 무엇인가요?

> 친구에게 실수로 물감을 묻혔을 때

① "힘내." ② "미안해." ③ "고마워!"
④ "괜찮아." ⑤ "조심해."

점수

1~6번 문제의 점수를 더하여 총점을 쓰고 151쪽의 표에 막대그래프로 표시하세요.

독해력 키움 | 25. 설득하는 글 읽기(3)

| 평가요소 | 1. ☐ 20점 | 2. ☐ 15점 | 3. ☐ 15점 | 4. ☐ 20점 | 5. ☐ 15점 | 6. ☐ 15점 |

155쪽 표의 해당하는 번호에 체크하세요.

옛날 로마 시대로 여행을 떠나 볼까요? 로마는 대중목욕탕이 처음 생긴 곳으로 유명하죠. 이 목욕탕이 바로 로마인들의 건강 비결이랍니다.

로마의 대중목욕탕은 큰 사우나[1]가 있고, 정원과 도서관을 비롯해 운동 시설까지 갖추어 놓아서 편하게 쉴 수 있는 곳이었다고 해요.

로마의 목욕탕은 몸을 씻고 쉴 수 있는 곳임과 동시에 '병을 치료하는 시설'이기도 했답니다. 아직 병을 고치는 학문이 과학적으로 발달하기 전이었던 로마 시대 사람들은 병을 고쳐주는 신이 있다고 믿었어요. 태양신의 아들이며 병을 고쳐주는 신인 아스클레피오스를 모시는 신전[2]은 늘, 병을 낫게 해달라고 기도하는 사람들로 북적댔답니다. 신전에는 환자들을 위한 많은 시설이 있었어요. ㉠그중 가장 중요한 것이 목욕탕이었답니다.

왜 목욕을 하면 건강에 좋을까요?

우리 몸은 끊임없이 죽은 피부 세포들을 밖으로 떨어내요. (㉡) 생활하면서 많은 양의 먼지를 뒤집어쓰지요. 이런 더러운 것들이 피부에 쌓이면 병균이 침투하기에 좋은 자리가 마련된답니다. 하지만 비누와 따뜻한 물로 자주 목욕을 하면 우리 몸이 깨끗해져서, 병균이 자랄 만한 자리를 주지 않지요. 또, 더운 물로 들어가면 근육을 쉬게 하고 혈관을 늘어나게 해서, 피가 몸을 잘 돌 수 있게 해 주지요.

예부터 건강에 좋은 많은 목욕법이 개발되어 있어요. 요즘 유행하는 반신욕은 몸을 목욕통에 반만 담그고 하는 목욕법이에요. 약초나 아로마, 식초, 술 등을 목욕물에 타면, 몸을 깨끗이 할 뿐 아니라 두통을 치료하거나 상처를 빨리 아물게 하고 피부도 좋아지는 등, 여러 가지 효과를 볼 수 있다고 하네요.

Note [1] 여기서는 '목욕하는 곳'이라는 뜻. [2] 신을 모신 큰 건물.

관련 교과 **사회**
[안전한 생활]

주제찾기 1. 글쓴이가 전하고자 한 중심 생각은 무엇입니까?

① 로마인은 건강하다.　　　② 목욕은 건강에 좋다.
③ 로마인들은 신을 믿었다.　　④ 목욕하면 세포가 살아난다.
⑤ 로마인들처럼 목욕탕을 세워야 한다.

글감찾기 2. 글감을 찾아 한 낱말로 답하세요.

□□

사실이해 3. 로마의 대중목욕탕에 없었던 것은 무엇인가요?

① 거울　　② 정원　　③ 사우나　　④ 도서관　　⑤ 운동시설

미루어알기 4. ㉠의 까닭으로 알맞은 것은 어느 것입니까?

① 목욕탕이 넓었기 때문에
② 목욕탕에 신을 모셨기 때문에
③ 목욕탕에 사람들이 많았기 때문에
④ 목욕탕을 신전이라고 생각했기 때문에
⑤ 목욕탕이 병을 치료하는 시설이었기 때문에

세부내용 5. ㉡에 알맞은 말은 무엇입니까?

① 그래서　　② 그런데　　③ 그리고　　④ 그러나　　⑤ 그러면

적용하기 6. 목욕하면 좋은 때는 언제입니까?

① 앓고 있을 때　　　　　　② 병이 다 나았을 때
③ 친구 집에 가려고 할 때　　④ 운동을 해서 몹시 피곤할 때
⑤ 아침에 일어나서 기분이 좋을 때

점수

1~6번 문제의 점수를 더하여 총점을 쓰고 151쪽의 표에 막대그래프로 표시하세요.

독해력 키움 | 26. 설득하는 글 읽기(4)

| 평가요소 | 1. ☐ 20점 | 2. ☐ 20점 | 3. ☐ 15점 | 4. ☐ 15점 | 5. ☐ 15점 | 6. ☐ 15점 |

155쪽 표의 해당하는 번호에 체크하세요.

운동은 허파를 강하게 해 줍니다. 한 번에 들이쉬고 내쉬는 공기의 양인 '폐활량'을 늘어나게 하고, 들이마신 공기가 온몸으로 잘 퍼지도록 도와주지요. 허파가 건강하지 못하면 폐활량이 줄어든답니다.

운동은 심장을 세게 뛰도록 해 줍니다. ㉠운동을 많이 하는 사람의 심장이 뛰는 수는 보통 사람보다 훨씬 적어요. 심장이 한 번 뛸 때 충분히 많은 혈액을 온몸으로 보낼 수 있다는 뜻이지요.

줄넘기나 달리기, 수영, 축구 같은 운동은 우리 몸에 많은 산소를 날라 줍니다. 이런 운동을 '유산소 운동'이라고 하지요. 유산소 운동은 몸의 지방을 태워 버리고 근육을 늘려 줘요. 운동은 이렇게 우리 몸의 여러 기관을 튼튼하게 해 줍니다. 몸이 튼튼해진다는 것은, 우리가 외부의 나쁜 세균과 바이러스[1]도 쉽게 이겨낼 수 있게 되는 것을 뜻하지요. 그래서 병에 맞서서 이겨내는 힘도 키울 수 있답니다.

그뿐만이 아니에요. 운동을 하면 즐거워진답니다. 뇌에서 아픔을 약하게 해 주는 엔도르핀[2]이라는 물질이 많이 나오거든요. '건강한 몸에 건강한 정신이 깃든다.'라는 유명한 문구도 있답니다. 몸이 건강하면 항상 즐겁고, 모든 일이 잘 될 거라는 생각을 하게 된다는 거겠죠?

주제찾기 1. 글의 중심 생각을 가잘 잘 드러낸 것은 어느 것입니까?

① 운동하면 폐활량이 늘어난다.
② 운동은 심장을 세게 뛰게 한다.
③ 운동은 우리 몸에 산소를 날라준다.
④ 운동을 하면 모든 일이 잘되어나간다.
⑤ 운동은 우리의 몸과 마음을 건강하게 한다.

Note
[1] 동물, 식물, 세균 따위의 살아 있는 세포에 붙어서 살고, 세포 안에서만 나서 자랄 수 있는 생물.
[2] 젖먹이동물의 뇌의 어떤 부분에서 나오는 물질을 통틀어 이르는 말. 모르핀과 같은 진통 효과가 있다.

제목찾기 2. 빈칸에 낱말을 넣어 제목을 붙이세요.

□□과 □□

사실이해 3. 공기가 온몸으로 잘 퍼지게 도와주는 것이 아닌 것은 무엇입니까?

① 줄넘기 ② 공부 ③ 수영 ④ 달리기 ⑤ 축구

미루어알기 4. ㉠의 까닭은 무엇입니까?

① 운동을 하면 심장이 크기 때문에
② 운동을 하면 피가 빨리 돌기 때문에
③ 심장이 빨리 뛰면 피가 허파로 가기 때문에
④ 심장이 뛸 때마다 많은 피를 온몸으로 보낼 수 있어서
⑤ 심장은 운동할 때마다 온몸으로부터 피를 다시 받을 수 있어서

세부내용 5. 뜻이 서로 반대되는 말의 짝은 어느 것입니까?

① 많다-적다 ② 온몸-허파 ③ 수영-축구
④ 나르다-옮기다 ⑤ 줄이다-태우다

적용하기 6. 건강하게 지내도록 친구에게 할 말로 알맞은 것을 고르세요.

① 친구야 안녕! ② 친구야 잘 지내?
③ 운동만 열심히 해! ④ 운동하면서 공부도 열심히!
⑤ 운동으로 몸도 마음도 튼튼히!

점수

1~6번 문제의 점수를 더하여 총점을 쓰고 151쪽의 표에 막대그래프로 표시하세요.

독해력 키움 | 27. 설득하는 글 읽기(5)

| 평가요소 | 1. ☐ 15점 | 2. ☐ 15점 | 3. ☐ 15점 | 4. ☐ 15점 | 5. ☐ 20점 | 6. ☐ 20점 |

155쪽 표의 해당하는 번호에 체크하세요.

　책이나 신문 따위에 실려 있는 글의 뜻을 새겨보는 일을 '읽기'라고 합니다. 종이 위에 자기 생각이나 느낌을 글로 옮겨놓는 일을 '쓰기'라고 합니다. 읽기와 쓰기는 글자를 통해 이루어집니다. 바른 자세로 읽고 써야 글의 뜻을 잘 새길 수 있고, 생각이나 느낌을 잘 옮겨놓을 수 있습니다. 몸도 마음도 바르게 가져야 잘 읽고 쓸 수 있습니다.

　글을 읽을 때, 머리를 약간 숙이고, 등뼈를 꼿꼿이 하고 앉아서, 글자를 좀 멀리 두고 읽어야 합니다. 그리고 밝은 곳에서 가끔 쉬면서 읽어야 합니다. 이렇게 해야 눈이 나빠지지 않고, 빨리 피곤해지지 않습니다. ㉠마음은 읽는 일에만 쓸 수 있도록 해야 하고, 어떤 뜻을 담고 있는 글인지 스스로 새길 수 있도록 깊이 생각하며 읽어야 합니다. 집중하여 읽어서 글의 뜻을 새길 수 있어야 읽은 보람을 얻을 수 있기 때문입니다.

　글을 쓸 때는 '무엇을, 왜, 어떻게'를 생각해 보고 써야 합니다. 무엇을 쓸 것인지, 왜 쓰는지, 어떻게 쓸 것인지 생각해 보아야 한다는 뜻입니다. 이 세 가지를 미리 생각해 보고 써야 뜻이 분명하고 짜임새가 잘 되어 좋은 글이 될 수 있기 때문입니다. '나팔꽃의 생김새'를 쓰려고 하였다면, 무엇을 쓸 것인지 떠올린 것입니다. '사람들이 나팔꽃의 생김새를 잘 몰라서'를 떠올렸다면, 왜 쓰는지 생각한 것입니다. '나팔꽃의 생김새를 그림과 사진을 곁들여 자세히 설명하겠다.'고 마음먹었다면, 어떻게 쓸 것인지 떠올린 것입니다.

주제찾기　**1.** 글쓴이가 강조한 내용은 무엇입니까?

① 읽는 힘을 키워야 한다.
② 쓰기 연습을 많이 하여야 한다.
③ 여러 가지의 글을 읽어보아야 한다.
④ 바른 자세를 가져야 잘 읽고 쓸 수 있다.
⑤ 쓰기 연습을 부지런히 하면서 읽기도 해야 한다.

관련 교과 **국어**

| 글감찾기 | **2.** 글감으로 삼은 국어 공부의 두 가지를 글에서 찾아 쓰세요. |

| 사실이해 | **3.** 읽기에서 가장 중요한 일은 무엇입니까? |

① 글의 뜻을 새겨 보는 일
② 누가 쓴 글인지 알아보는 일
③ 마음에 새길만한 말을 외는 일
④ 읽은 내용을 다른 사람에게 전하는 일
⑤ 읽고 난 뒤의 느낌을 자세히 적어두는 일

| 미루어알기 | **4.** ㉠에서 떠올릴 수 있는 낱말은 무엇입니까? |

① 만족하다　　② 집중하다　　③ 산만하다
④ 노력하다　　⑤ 끈질기다

| 세부내용 | **5.** 어떤 글이 잘 쓴 글이라고 할 수 있습니까? |

① 중심 내용을 알기 어려운 글
② 뜻이 어려운 낱말을 사용한 글
③ 짜임새가 잘 갖추어지고 뜻이 분명한 글
④ 자기 생각을 여러 번 반복하여 드러낸 글
⑤ 까닭만 늘어놓아 생각을 짐작할 수 있도록 한 글

| 적용하기 | **6.** 다음의 제목으로 글을 쓸 때, '왜'를 생각해본 것은 어느 것입니까? |

즐거운 생활

① 즐거운 마음으로 학교 간다.
② 친구들과 어울려서 놀이한다.
③ 즐거운 학교생활은 이런 것이다.
④ 다른 사람의 학교생활을 떠올려본다.
⑤ 즐거운 학교생활이 몸과 마음에 좋아서.

점 수

1~6번 문제의 점수를 더하여 총점을 쓰고 151쪽의 표에 막대그래프로 표시하세요.

독해력 키움 | 28. 설득하는 글 읽기(6)

| 평가요소 | 1. ☐ 20점 | 2. ☐ 15점 | 3. ☐ 15점 | 4. ☐ 15점 | 5. ☐ 15점 | 6. ☐ 20점 |

155쪽 표의 해당하는 번호에 체크하세요.

옛날 중국 춘추시대[1] 제나라에 사흘 밤낮을 쉬지 않고 큰 눈이 내렸어요. 제나라의 임금은 따뜻한 방 안에서 여우 털로 만든 옷을 입고 눈 오는 경치의 아름다움에 푹 취해 있었어요. 임금은 눈이 계속 내리면 온 세상이 더욱 깨끗하고 아름다워질 것으로 생각하고 그렇게 되기를 바랐어요. 그때 으뜸 신하가 임금의 곁으로 다가와 창문 밖 가득 쌓인 눈을 말없이 바라보았어요. 임금은 신하도 자신처럼 눈 오는 아름다운 경치에 흠뻑 젖어 즐거움을 느낀 것으로 생각했어요. 그래서 조금 들뜬 목소리로 "올해 날씨는 이상하군. 사흘 동안이나 눈이 내려 땅을 뒤덮었건만 마치 봄 날씨처럼 따뜻한 게 조금도 춥지 않아."라고 말했어요. 신하는 임금의 여우 털옷을 물끄러미 바라보더니, 정말로 날씨가 춥지 않은지 되물었어요.

그러나 임금은 신하가 왜 그렇게 묻는지 그 뜻을 되새겨 볼 생각도 하지 않고 그저 웃을 따름이었어요. 그러자 신하는 얼굴빛을 고치고 자세를 바르게 하며 이렇게 말했어요. "옛날의 어진 임금들은 자기가 배불리 먹으면 누군가가 ㉠<u>굶주리지</u> 않을까를 생각했습니다. 자기가 따뜻한 옷을 입으면 누군가가 얼어 죽지 않을까를 걱정했습니다. 자기의 몸이 편안하면 또 누군가가 피로해 하지 않을까를 늘 염려했다고 합니다. 그런데 임금께서는 자신 이외에는 다른 사람을 전혀 생각해주지 않으시는군요." 신하의 이 말에 임금은 부끄러워 얼굴을 붉히며 아무 말도 하지 못했답니다.

이 이야기는 임금이라면 마땅히 온 세상 사람들을 감싸며 자기 자신만 편안해지려는 마음 자세를 버려야 한다고 가르쳐주고 있어요. 오늘날 이 이야기는 '내 배가 부르면 종의 밥 짓지 말라 한다.'라는 속담이나, '남의 큰 병이 내 감기만 못하다.'라는 속담과 같이 남의 어려움이나 불행도 자기 자신에게는 하찮은 것이어서 소홀히 여긴다는 사실을 깨닫도록 해요.

Note
[1] 기원전 770년부터 기원전 403년까지 약 360년간 세상이 크게 어지럽고 전쟁이 끊이지 않았던 시대.

관련 교과 사회
[바른 생활]

주제찾기 **1.** 전하고자 한 생각은 무엇입니까?

① 아랫사람은 윗사람을 섬겨야 한다.
② 윗사람은 아랫사람을 잊지 않아야 한다.
③ 아름다운 경치에 빠진 임금이어서는 안 된다.
④ 임금은 모든 백성을 배불리 먹일 수 있어야 한다.
⑤ 남의 어려움이나 불행을 내가 당한 것처럼 여겨야 한다.

글감찾기 **2.** 생각을 전하기 위해 끌어들인 글감은 무엇입니까? 빈칸을 채워 답하세요.

□□의 옛날 □□□

사실이해 **3.** 임금과 신하가 이야깃거리로 삼은 것은 무엇입니까?

① 밤낮　　② 여우　　③ 경치　　④ 날씨　　⑤ 얼굴

미루어알기 **4.** 임금은 어떤 사람이라고 할 수 있습니까?

① 너그럽다　　② 똑똑하다　　③ 옹졸하다
④ 비겁하다　　⑤ 인색하다

세부내용 **5.** ㉠의 반대말은 무엇입니까?

① 따뜻하지　　② 배부르지　　③ 안타깝지
④ 배고프지　　⑤ 편안하지

적용하기 **6.** 글을 읽은 뒤의 깨달음으로 알맞은 것은 어느 것입니까?

① 내가 남이 되어서 생각해 보아야 해.
② 남이 무엇을 하든 간섭하지 말아야 해.
③ 어려워하는 친구를 함께 도와주어야 해.
④ 가난해지는 까닭을 깊이 생각해 보아야 해.
⑤ 착한 일은 친구들 모두에게 하라고 해야 해.

점수

1~6번 문제의 점수를 더하여 총점을 쓰고 151쪽의 표에 막대그래프로 표시하세요.

독해력 키움 | 29. 설득하는 글 읽기(7)

| 평가요소 | 1. ☐ 20점 | 2. ☐ 15점 | 3. ☐ 15점 | 4. ☐ 20점 | 5. ☐ 15점 | 6. ☐ 15점 |

155쪽 표의 해당하는 번호에 체크하세요.

동물 마을에 별나라에서 보낸 초대장이 왔습니다.

> **초대장**
>
> 우리별이 생겨난 날을 기념하는 잔치에 지구의 친구를 초대합니다. 지구를 대표할 수 있는 동물을 보내 주세요.
>
> 때: 2050년 12월 1일
> 곳: 별나라 꽃동산

이 초대장을 보고 많은 동물이 몰려들었습니다. 서로 자기가 지구를 대표하여 별나라에 가야 한다고 한마디씩 하였습니다.

먼저, 동물 마을에서 나이가 가장 많은 거북 할아버지께서 말씀하셨습니다.

"나는 아주 오래전부터 지구에서 살았습니다. 그래서 지구에 대하여 누구보다 잘 알고 있지요. 여러분이 태어나기 훨씬 전에 일어났던 일도 나는 많이 알고 있습니다. 그러니까 내가 별나라에 가야 합니다."

거북 할아버지의 말씀을 듣고 있던 동물들은 모두 고개를 끄덕였습니다.

거북 할아버지 앞에서 듣고 있던 아기 곰도 자리에서 일어나 말하였습니다.

"저는 나이는 어리지만, 지구를 무척 사랑해요. 만약, 제가 별나라에 가게 된다면 지구가 얼마나 아름답고 살기 좋은 곳인지 알려 주겠어요. 지구를 사랑하는 마음보다 더 중요한 것이 있을까요?"

그 자리에 모인 동물들은 아기 곰의 말을 듣고 모두 고개를 끄덕였습니다.

원숭이도 일어나서 말하였습니다.

"별나라에서는 신기한 일이 많이 일어날 것입니다. 저는 별나라에서 ㉠보고 들은 일을 여러분께 생생하게 전할 수 있어요. 별나라가 어떤 곳인지 궁금해 하는 친구가 많잖아요? 그곳의 모습을 잘 전할 수 있는 제가 지구의 대표가 되어야 합니다."

거북 할아버지, 아기 곰, 원숭이의 말을 듣고 있던 다른 동물들은 생각에 잠겼습니다.

어떤 동물이 지구를 대표하여 별나라에 가면 좋을까요?

주제찾기 1. 나서서 말을 한 동물들의 생각은 무엇입니까?

① 기념하는 잔치를 열어야 한다.
② 별나라로 초대장을 보내야 한다.
③ 지구를 대표하여 별나라에 가야 한다.
④ 지구를 사랑하는 동물이 별나라에 가야 한다.
⑤ 별나라에서 일어나는 일을 생생하게 전하여야 한다.

제목찾기 2. 내용과 어울리는 제목을 붙이세요.

□□□에 누구를 보낼까요?

사실이해 3. 동물들은 무엇을 받아보고 몰려들었습니까?

① 초대장
② 안내문
③ 일기문
④ 광고문
⑤ 편지글

미루어알기

4. 듣는 동물의 마음을 바꾸기 위해, 말하는 동물은 어떻게 꾸며 말했습니까?

① 목소리를 점점 높였다.
② 칭찬하는 말을 많이 했다.
③ 높임말을 써서 상대를 존대했다.
④ 까닭을 들어 생각이 옳음을 내세웠다.
⑤ 여러 가지 예를 들어 쉽게 이해하도록 했다.

세부내용

5. ㉠과 뜻이 같은 말은 어느 것입니까?

① 생긴 일
② 겪은 일
③ 잡은 일
④ 맡은 일
⑤ 남긴 일

적용하기

6. 남의 말을 들을 때의 바람직한 태도는 어느 것입니까?

① 생각을 또렷하게 말한다.
② 말을 가로막고 질문한다.
③ 지루하다고 솔직히 말한다.
④ 말할 기회를 달라고 외친다.
⑤ 말을 듣고 고개를 끄덕인다.

점 수

1~6번 문제의 점수를 더하여 총점을 쓰고 151쪽의 표에 막대그래프로 표시하세요.

독해력 키움 | 30. 설명하는 글 읽기(8)

| 평가요소 | 1. ☐ 20점 | 2. ☐ 15점 | 3. ☐ 15점 | 4. ☐ 15점 | 5. ☐ 15점 | 6. ☐ 20점 |

155쪽 표의 해당하는 번호에 체크하세요.

'호칭'은 어떤 사람을 직접 부르는 말이고, '지칭'은 어떤 사람을 가리켜 일컫는 말이에요. 예를 들어, 부모님 앞에서 직접 '아버지', '어머니'라고 부르는 말은 호칭이 되어요. 그리고 '아버지는 누나를 꽃돼지라고 부른다.'에서 '아버지', '누나', '꽃돼지'는 지칭하는 말이 되는 거지요. '아버지', '누나', '꽃돼지'는 모두 어떤 사람을 가리켜 일컫는 말이에요. 이와 같은 호칭과 지칭은 사람들 사이에 뜻을 주고받을 때와 사람 사이에 관계를 맺는 시작이라고 할 수 있어요.

사람들 사이에 뜻을 주고받을 때, 말을 통해 이루어져요. 말로 나누는 이야기는 상대방을 부르거나 가리키는 데에서 시작하기 때문에 호칭과 지칭은 중요하지요. 상대방을 부르는 것은 상대방의 관심을 나에게로 향하게 해요. 누군가를 가리키는 것은 이야기의 관심을 내가 원하는 곳으로 이끌려는 것이에요. 부모님이나 형제자매가 함께 사는 가정에서, 사람들이 함께 일하는 회사에서, 사람들이 많이 모이는 가게에서 써야 하는 호칭과 지칭은 모두 달라요.

상대방과 몇 마디의 이야기만 나누어 보아도 상대방이 어떻게 살아왔는지, 생각은 바르게 하는지, 사회에서 어떤 자리에서 일하는지 등을 알 수 있다고 해요. 물론 짧게 주고받는 말만으로 그렇게까지 자세하게 알 수는 없겠지요. 하지만 적어도 '상대방이 좋다, 나쁘다', '상대방과 뜻이 잘 통한다, 그렇지 않다'는 알 수 있어요. 특히 호칭과 지칭을 정확히 사용하여 사람들과 사이좋게 지내야 해요. (㉠) 친구나 나보다 나이가 어린 사람들에게는 친근하고 정겨운 말씨를 쓰고, 나보다 나이가 많은 어른들께는 높임말로 공손한 말씨를 쓰도록 해야 해요. 말을 고르는 데 있어서 시작은, 욕설이나 남을 깔보는 말을 쓰지 않는 것이에요. 되도록 남의 마음을 좋게 하는 고운 말을 해요.

주제찾기 1. 글의 중심 생각을 잘 정리한 것을 고르세요.

① 호칭은 사람을 직접 부르는 말이다.
② 지칭은 사람을 가리켜 일컫는 말이다.
③ 호칭과 지칭만으로 뜻을 주고받을 수 있다.
④ 호칭과 지칭을 사용하면 사람들이 사이좋게 지낸다.
⑤ 호칭과 지칭을 정확하게 사용하고 고운 말을 해야 한다.

제목찾기 2. 글에 나온 낱말을 넣어 제목을 붙이세요.

□□ □을 해요

사실이해 3. 호칭이나 지칭이 되지 못하는 것은 무엇인가요?

① 나이　　② 누나
③ 아버지　④ 어머니
⑤ 꽃돼지

미루어알기 4. 글을 읽고 떠올릴 수 있는 내용은 어느 것입니까?

① 사람을 직접 부를 수는 없다.
② '할머니'는 가리키는 말이 아니다.
③ 뜻을 주고받을 때 긴 문장을 쓴다.
④ 이름을 불러서 친구의 관심을 끌 수 있다.
⑤ 나이가 어린 사람들에게 공손한 말씨를 쓴다.

세부내용 5. ㉠에 들어갈 알맞은 말은 무엇입니까?

① 이처럼   ② 그래서
③ 따라서   ④ 예를 들어
⑤ 왜냐하면

적용하기 6. 다음 글에 지칭은 몇 개 나타났습니까?

> 할아버지께서 손자를 '기윤아!'라고 부르셨어요. 할머니께서 손녀를 '가은아!'라고 부르셨어요. 아빠, 엄마도 그 소리를 들으셨어요.

① 4개   ② 5개
③ 6개   ④ 7개
⑤ 8개

점수

1~6번 문제의 점수를 더하여 총점을 쓰고 151쪽의 표에 막대그래프로 표시하세요.

독해력 키움 | 31. 설득하는 글 읽기(9)

| 평가요소 | 1. ☐ 15점 | 2. ☐ 15점 | 3. ☐ 15점 | 4. ☐ 15점 | 5. ☐ 20점 | 6. ☐ 20점 |

155쪽 표의 해당하는 번호에 체크하세요.

　우리 겨레의 아름다운 인사예절은 집안은 물론이고 집 밖의 일상생활에 오랫동안 이어지고 있으며 그 모습이 더욱 아름답게 다듬어져 가고 있습니다. 집안에서 아이들과 윗사람 사이의 인사예절은 서로를 존경하고 사랑하는 아름다운 풍속[1]으로 줄곧 이어지고 있어요.

　부모들이 아침에 일어나면 아이들은 편안히 주무셨는지 인사를 합니다. 또한, 아이들이 학교, 유치원에 갈 때는 부모에게 갔다 오겠다는 것을 알리며, 돌아와서는 돌아왔다는 것을 알리는 말씀을 드립니다. 일이 있어서 오랫동안 집을 나갔다 돌아올 때도 그 사이에 있었던 일을 부모에게 자세히 알리고 부모로부터 가르침을 받는 것이 예절로 되어 있지요.

　이와 같은 예절은 집 밖의 생활에서도 그대로 지켜지고 있어요. 아랫사람이 윗사람을 만나면 존경의 뜻을 담아 "안녕하세요?", "그간 안녕하셨습니까?", "오래간만에 뵙겠습니다." 등의 공손한 말로 허리를 굽혀 인사합니다. 길가나 여행 중에 윗사람을 만났을 때는 인사말과 함께 허리를 굽혀 인사를 하고 길을 양보합니다.

　만일 윗사람이 무거운 물건을 들고 있으면, 받아주거나 같이 가는 곳까지 가져다주는 것을 예의로 여기고 있어요. 특히 노인들에게는 더욱 예의 바르게 인사를 표시해요. 아랫사람의 예절에 윗사람은 맞절 또는 반절[2]과 인사말로써 칭찬해 준다는 표시를 합니다. 이러한 예절은 대체로 조상 대대로 전하여오던 것이에요. 이제는 큰절은 하지 않고 지나치게 번거로운 겉치레[3]는 치르지 않아도 좋겠지요.

Note
[1] 옛날부터 그 사회에 전해 오는 삶의 모든 면에 걸친 습관 따위를 이르는 말.
[2] 아랫사람의 절을 받을 때 완전히 바닥에 엎드리지 않고 앉은 채 윗몸을 반쯤 굽혀서 하는 절.
[3] 마음은 그렇지 않으면서 겉만 보기 좋게 꾸미어 드러냄.

주제찾기 1. 글쓴이가 부탁한 말은 무엇입니까?

① 알맞게 인사해요.
② 좋은 풍속을 지켜요.
③ 서로 존경하고 사랑해요.
④ 부모로부터 가르침을 받아요.
⑤ 길에서 인사를 하고 길을 양보해요.

글감찾기 2. 글감을 글에서 찾아 쓰세요.

☐☐☐☐

사실이해 3. 친구의 어머니를 만났을 때 인사말은 무엇입니까?

① "안녕, 친구야!"
② "안녕히 계세요!"
③ "어머니, 안녕하세요!"
④ "안녕히 다녀오셨어요!"
⑤ "저, 학교에 다녀오겠습니다!"

관련 교과 **사회**
[바른 생활]

미루어알기　**4.** 인사말은 어떻게 해야 할까요?

　　　　① 우물쭈물하며
　　　　② 때와 장소에 맞추어
　　　　③ 상대를 쳐다보지 않으며
　　　　④ 친근하게 느껴지도록 반말로
　　　　⑤ 침착한 표정과 나직한 목소리로

세부내용　**5.** 올바른 말이어서 글에 사용된 것은 어느 것입니까?

　　　　① 웃니
　　　　② 웃길
　　　　③ 웃입술
　　　　④ 아랫사람
　　　　⑤ 아래어른

적용하기　**6.** 알맞은 인사말을 하나씩 빈칸에 쓰세요.

이웃의 어른을 만났을 때	(1)
할머니에게 선물을 받았을 때	(2)
우리 집에 오셨던 할아버지가 가실 때	(3)
친구와 다툰 뒤에 사과할 때	(4)

점 수

1~6번 문제의 점수를 더하여 총점을 쓰고 151쪽의 표에 막대그래프로 표시하세요.

독해력 키움 | 32. 설득하는 글 읽기(10)

| 평가요소 | 1. ☐ 20점 | 2. ☐ 15점 | 3. ☐ 15점 | 4. ☐ 20점 | 5. ☐ 15점 | 6. ☐ 15점 |

155쪽 표의 해당하는 번호에 체크하세요.

    물은 더러워지더라도 스스로 깨끗해지는 힘을 갖고 있어서 어느 정도 시간이 지나면 더러워진 물이 저절로 깨끗해져요. 하지만 물속에 물을 더럽게 하는 것들이 갑자기 많아지거나 오랜 시간 계속해서 쌓이면 물이 스스로 깨끗해지는 힘이 사라지고 말아요. 한번 더러워진 물을 다시 깨끗하게 하려면 매우 많은 양의 깨끗한 물과 시간이 필요해요.

    물이 더러워지는 가장 큰 까닭은 사람들이 살아가면서 버리는 더러운 물 때문이에요. 우리나라에서 생기는 더러운 물은 집에서 나오는 것이 대부분을 차지해요. 특히 음식물 찌꺼기와 합성 세제[1], 샴푸 등이 물을 심하게 더럽혀요.

    공장에서 물건을 만들고 버리는 물에도 여러 가지 해로운 것이 섞여 있으므로 큰 문제가 생길 수 있어요. 그리고 농사를 지을 때 쓰는 농약과 비료, 함부로 버리는 가축의 오줌과 똥도 물을 더럽히는 원인이에요. 특히 골프장 잔디에 뿌리는 농약은 아주 독하므로 사람들에게 바로 피해를 줄 수 있어요. 또 공기 중에 떠다니는 더러운 물질이, 내리는 비에 섞여 땅, 강, 호수에 떨어지면서 물이 더럽혀지기도 해요.

    물이 더러워지는 것을 줄이는 방법을 알아보아요.

    지키기 1: 합성 세제 사용을 줄이고, 천연 세제 사용하기. 천연 성분으로 만들어진 세제로 빨래와 설거지를 해요. 샴푸 대신 비누를 사용하면 물이 더러워지는 것을 줄일 수 있지요.

    지키기 2: 사용한 물도 함부로 버리지 않기. 쌀을 씻은 물은 설거지를 할 때나 화분에 물을 줄 때 다시 사용해요. 빨래할 때 마지막으로 헹군 물은 걸레를 빨거나 바닥을 청소할 때 쓰면 좋지요.

    지키기 3: 음식은 먹을 만큼만 만들고 남기지 않기. 음식은 먹을 수 있는 만큼만 만들어요. 또 음식점에서 먹을 만큼 먹고, 남은 음식은 집으로 싸 가지고

Note [1] 해로운 물질을 섞어서 만드는데, 물에 풀어서 물건의 표면에 붙은 더러운 때를 씻어 내는 데 쓰는 물질.

가요.

지키기 4: 물을 아껴서 사용하기. 양치나 세수를 할 때는 반드시 물을 받아 놓고 써요. 설거지나 차를 청소할 때도 물을 통에 받아서 사용해요. 화장실 변기에는 벽돌이나 물이 가득 든 작은 생수병을 넣어 두어요.

지키기 5: 골짜기나 강, 바다를 더럽히지 않기. 골짜기에 흐르는 물에 소변을 보거나 쓰레기를 버리면 안 돼요. 몸을 씻거나 설거지, 빨래도 하지 말아야 하지요. 자연은 우리 모두의 것이므로 소중하게 여기는 마음이 필요해요.

주제찾기 1. 글쓴이의 주장은 무엇입니까?

① 물은 우리 모두의 것이다.
② 물은 사람들이 일부러 더럽힌다.
③ 물이 더러워지지 않게 노력해야 한다.
④ 물을 함부로 버리기 때문에 물이 더러워진다.
⑤ 농사지을 때 농약이나 비료에 물을 넣지 말아야 한다.

글감찾기 2. 글감을 글에서 찾아 한 낱말로 쓰세요.

사실이해 3. 글에 나온 내용은 어느 것입니까?

① 비가 내리면 물이 깨끗해진다.
② 물은 스스로 깨끗해지지 않는다.
③ 더러워진 물은 깨끗하게 하기가 어렵다.
④ 골프장의 잔디가 자라게 비료를 뿌린다.
⑤ 공장에서 나온 물이 더러운 물의 대부분이다.

관련 교과 과학
[바른 생활]

미루어알기 4. 글을 읽고 떠올릴 수 있는 생각은 무엇입니까?

① 물이 충분하면 더러워지지 않는다.
② 사람들은 모르는 사이에 물을 더럽힌다.
③ 음식물 쓰레기는 물에 섞여 밖으로 버려진다.
④ 집에서 더러운 물이 생기지 않도록 조심해야 한다.
⑤ 골짜기나 강, 바다 등의 물은 쉽게 더러워지지 않는다.

세부내용 5. 뜻이 같으면서 '우리말-한자말'로 짝을 이룬 것은 어느 것입니까?

① 까닭-원인   ② 물속-시간
③ 잔디-농약   ④ 오줌-비료
⑤ 산소-공기

적용하기 6. 물이 더러워지는 것을 줄이고자 한 경우를 고르세요.

① 샴푸로 머리를 감았다.
② 골짜기의 물에 소변을 보았다.
③ 수돗물을 틀어놓고 세수를 하였다.
④ 식당에서 음식을 많이 담아서 남겼다.
⑤ 쌀을 씻은 물로 밥 먹은 뒤에 그릇을 닦았다.

점 수

1~6번 문제의 점수를 더하여 총점을 쓰고 151쪽의 표에 막대그래프로 표시하세요.

독해력 키움 | 33. 이야기 글 읽기(1)

평가요소 1. ☐ 20점   2. ☐ 20점   3. ☐ 20점   4. ☐ 20점   5. ☐ 20점

156쪽 표의 해당하는 번호에 체크하세요.

자라가 이가 아파서 치과에 가요.
느리게 기어가다가 토끼와 마주쳐요.
"자라야, 어디 가니?"
"이가 너무 아파서 치과에 가요."
"내가 치과에 데려다줄게."
토끼가 너무 서두르다가 다쳐요.
"아야, 아야, 다리가 너무 아파!"
그때 노루가 뛰어와서 도와줘요.
"토끼야, 왜 우니?"
"다리가 너무 아파요."
"다리가 아프다고?
내가 외과[1]에 데려다주마.
토끼야, 어서 타거라.
자라야, 너도 타려무나."
"고마워요, 노루 아저씨."

주제찾기 1. 어떤 모습을 보여 주는 장면입니까?

① 도와주기　　② 업어주기
③ 찾아가기　　④ 올라가기
⑤ 내려가기

Note [1] 몸 외부의 상처나 내장 기관의 질병을 수술이나 그와 비슷한 방법으로 치료하는 의학 분야.

글감찾기 **2.** 동물들은 어디로 가려고 합니까?

	☐☐

사실이해 **3.** 나오는 동물의 수는 몇입니까?

① 2　　　　　　　　② 3
③ 4　　　　　　　　④ 5
⑤ 6

미루어알기 **4.** 다리를 다치면 어디로 가야 합니까?

① 치과　　　　　　② 내과
③ 외과　　　　　　④ 정신과
⑤ 소아청소년과

세부내용 **5.** 다음 중 어떤 동물이 가장 큽니까?

① 자라　　　　　　② 토끼
③ 오리　　　　　　④ 노루
⑤ 원숭이

점 수

1~5번 문제의 점수를 더하여 총점을 쓰고 152쪽의 표에 막대그래프로 표시하세요.

33. 이야기 글 읽기(1)

독해력 키움 | 34. 이야기 글 읽기(2)

평가요소 1. ☐ 20점 | 2. ☐ 20점 | 3. ☐ 20점 | 4. ☐ 20점 | 5. ☐ 20점

156쪽 표의 해당하는 번호에 체크하세요.

길에서 어른을 만나면 두 손을 모으고
"안녕하세요?"
예쁘게 인사하라고?
싫어 싫어, 내 마음이야. 나는 이렇게 인사할 거야.
(까꿍 까꿍)
엄마가 맛있는 간식을 주면 냠냠 먹기 전에
"잘 먹겠습니다!"
예쁘게 인사하라고?
싫어 싫어, 내 마음이야.
나는 이렇게 인사할 거야.
(어흥! 어흥!)
그런데 저게 뭐야?
깜짝 놀라 나도 모르게……
"안녕하세요? 난 솔이에요."
"안녕하세요? 난 호미예요."
"이 빵 먹을래요?" / "잘 먹겠습니다!"
"이 사과 먹을래요?" / "잘 먹겠습니다."
예쁘게 인사했더니 / 생글생글 기분이 참 좋아요.

주제찾기 1. 무엇이 좋은 일이라고 했습니까?

① 어른 만나기   ② 두 손 모으기
③ 맛있는 간식 먹기   ④ 예쁘게 인사하기
⑤ 기분 좋아지기

글감찾기   **2.** 글감으로 삼은 낱말을 글에서 찾아 쓰세요.

사실이해   **3.** 인사말은 어느 것입니까?

① "안녕하세요?"
② "싫어, 싫어"
③ "까꿍 까꿍"
④ "어흥! 어흥!"
⑤ "깜짝 놀라!"

미루어알기   **4.** 예쁘게 인사하면 어떻게 된다고 했나요?

① 반가워요.
② 내가 놀라요.
③ 어른이 싫어져요.
④ 빵을 잘 먹어요.
⑤ 기분이 좋아져요.

세부내용   **5.** 예쁘게 웃는 모습을 흉내 낸 말은 어느 것입니까?

① 카랑카랑
② 말랑말랑
③ 생글생글
④ 덜렁덜렁
⑤ 딸랑딸랑

1~5번 문제의 점수를 더하여 총점을 쓰고 152쪽의 표에 막대그래프로 표시하세요.   **점수**

독해력 키움 | 35. 이야기 글 읽기(3)

평가요소 1. ☐ 20점 | 2. ☐ 20점 | 3. ☐ 20점 | 4. ☐ 20점 | 5. ☐ 20점

156쪽 표의 해당하는 번호에 체크하세요.

곰이 골짜기에서 가재를 잡고 있었습니다.
꾀 많은 여우가 슬금슬금 다가갑니다.
"곰아, 저 나무에 있는 꿀을 따서 나누어 먹지 않을래?"
곰이 여우의 뒤를 성큼성큼 따라갑니다.
'헤헤, 맛있겠다. 나 혼자 먹어야지.'
여우가 꾀를 냅니다.
"곰아, 네가 나무 위로 올라가 벌집을 따서 던져. 그러면 내가 받을게."
곰이 나무 위로 올라가 벌집을 따서 아래로 던집니다.
여우가 벌집을 받아 들고는 빠르게 도망칩니다.
벌들이 여우를 왱왱 쫓아가며 침을 쏘아 댑니다.
따끔따끔 아픈 여우가 엉엉 소리 내어 웁니다.

주제찾기 1. 어떤 생각이 드는 이야기입니까?

① 남을 도우면 기쁘다.
② 서로 돕고 지내야 한다.
③ 욕심을 부리면 벌을 받는다.
④ 큰 동물은 작은 동물을 괴롭힌다.
⑤ 나무 위에 올라가면 나무를 흔든다.

제목찾기 2. 나오는 동물 이름 둘을 빈칸에 넣어 글의 제목을 붙이세요.

☐과 ☐☐

100 문학

사실이해 3. 곰이 말을 주고받은 동물은 누구입니까?

① 벌
② 가재
③ 연어
④ 여우
⑤ 늑대

미루어알기 4. 여우는 왜 도망쳤습니까?

① 곰이 무서워서
② 다른 여우가 와서
③ 벌집이 꽤 무거워서
④ 벌들의 침을 피하려고
⑤ 꿀을 혼자서 먹으려고

세부내용 5. 크게 우는 소리는 어느 것입니까?

① 엉엉
② 왱왱
③ 씽씽
④ 슬금슬금
⑤ 성큼성큼

1~5번 문제의 점수를 더하여 총점을 쓰고 152쪽의 표에 막대그래프로 표시하세요.

점수

독해력 키움 | 36. 이야기 글 읽기(4)

| 평가요소 | 1. ☐ 20점 | 2. ☐ 15점 | 3. ☐ 15점 | 4. ☐ 15점 | 5. ☐ 15점 | 6. ☐ 20점 |

156쪽 표의 해당하는 번호에 체크하세요.

"아이, 아직도 기차놀이 하니? 빨리 가서 자야지. 내일 아침 일찍 학교 가야 하잖아. 자, 여기 강아지 잠옷 집❶이 있다. 거실의 방석 밑에 구겨져 있더구나. 이제 조용히 잘 자라."

아이가 잠이 들었어요. 꿈속에서 아이는 기차를 타고 여행을 해요.

"자, 이제 떠납니다."

코끼리가 기차에 타려고 해요.

"야, 우리 기차에서 내려!"

"제발 나도 기차에 태워 줘. 사람들이 내 상아❷를 잘라 가려고 해. 자꾸 이러다가는 우리 코끼리들은 살아남지 못할 거야."

물개가 기차에 타려고 해요.

"야, 우리 기차에서 내려!"

"제발 나도 기차에 태워 줘. 바닷가에 더 있다가는 먹을 게 없어서 굶어 죽고 말 거야. 사람들이 물을 더럽히고 물고기를 너무 많이 잡아가거든. 자꾸 이러다가는 우리 물개들은 살아남지 못할 거야."

두루미가 기차에 타려고 해요.

"야, 우리 기차에서 내려!"

"제발 나도 기차에 태워 줘. 난 늪에 사는데 사람들이 물을 다 퍼버렸어. 난 마른 땅에서는 살 수가 없어. ㉠자꾸 이러다가는 우리 두루미들은 살아남지 못할 거야."

"이제는 돌아가야겠다. 아침 일찍 학교 가야 하거든."

"빨리 일어나라. 학교에 늦겠다. 그런데 우리 집에는 웬 동물이 이리 많은 거니? 현관에는 코끼리가, 목욕탕에는 물개가, 세탁실에는 두루미가, 계단에는

Note ❶ 잠옷을 넣어두는 주머니. ❷ 코끼리의 엄니. 위턱에 나서 입 밖으로 뿔처럼 길게 뻗어 있다. 맑고 연한 노란색이며 단단해서 갈면 갈수록 윤이 난다. 악기, 도장, 물부리 따위의 공예품을 만드는 데 쓴다.

호랑이가, 그리고 냉장고 옆에는 북극곰이 있더구나. 도대체 어떻게 된 일이니?"

주제찾기 1. 어떤 일이 거듭 일어났습니까?

① 동물들이 기차를 보았다.
② 아이가 저녁에 일찍 잠들었다.
③ 동물들과 아이가 즐겁게 놀았다.
④ 아이의 엄마가 아이를 아침 일찍 깨웠다.
⑤ 사람들 때문에 동물들이 살아남기 어렵게 되었다.

제목찾기 2. 빈칸에 낱말을 넣어 제목을 붙이세요.

야, 우리 □□에서 내려!

사실이해 3. 이야기에 나오지 <u>않은</u> 일은 어느 것입니까?

① 기차를 타려고 했다.
② 기차에서 내리라고 했다.
③ 기차에 태워달라고 했다.
④ 동물들을 기차에 태웠다.
⑤ 살아남지 못할 거라고 했다.

관련 교과

미루어알기 4. ㉠과 같이 말한 까닭은 무엇입니까?

① 상아를 잘라갔기 때문에
② 물고기를 많이 잡아갔기 때문에
③ 사람들이 물을 다 퍼버렸기 때문에
④ 얼음이 차츰차츰 녹기 때문에
⑤ 숲에 큰불이 났기 때문에

세부내용 5. 날짐승은 어느 것인가요?

① 물개   ② 두루미
③ 코끼리   ④ 호랑이
⑤ 북극곰

적용하기 6. 이야기에 나오는 동물들이 사람들에게 하고 싶은 말은 무엇일까요?

① 우리도 살아갈 수 있도록 해주세요.
② 사람들은 지나치게 욕심이 많아요.
③ 동물들도 보금자리가 있어야 해요.
④ 기차에 태워주면 모두 살 수 있어요.
⑤ 일찍 자고 일찍 일어나면 참 좋아요.

점 수
1~6번 문제의 점수를 더하여 총점을 쓰고 152쪽의 표에 막대그래프로 표시하세요.

독해력 키움 | 37. 이야기 글 읽기(5)

156쪽 표의 해당하는 번호에 체크하세요.

어느 여름날, 숲속에 개미와 베짱이가 살고 있었습니다. 개미는 겨울 동안의 먹을거리를 모으기 위하여 땀을 뻘뻘 흘리며 일을 하였습니다. 그런데 베짱이는 잎사귀에 누워 노래를 부르며 놀기만 하였습니다.

개미가 걱정스러운 목소리로 베짱이에게 말하였습니다.

"베짱이야, 그렇게 놀기만 하다가는 겨울에 먹을거리가 없어 굶어 죽을지도 몰라. 어서 ㉠같이 일하자."

그러나 베짱이는 코웃음을 치면서 이렇게 말하였습니다.

"흥, 남의 일에 상관하지 마. 네 일이나 잘해. 그렇게 일만 하면서 무슨 재미로 사니?"

춥고 바람이 쌩쌩 부는 겨울이 되었습니다. 베짱이는 먹을거리 하나 없이 추위에 벌벌 떨며 숲속을 헤매고 있었습니다.

"아이, 추워. 아이고, 배고파. 지난여름에 개미가 해 준 말을 듣고 먹을거리를 모아 두었다면 얼마나 좋았을까?"

베짱이는 너무 배가 고파서 개미네 집을 찾아갔습니다.

개미네 가족은 따뜻한 집에서 맛있는 음식을 먹고 있었습니다.

베짱이는 불쌍한 표정을 지으며 개미에게 말하였습니다.

"개미야, 개미야. 미안하지만 나에게도 먹을거리를 좀 나누어 줄 수 있겠니?"

그러자 개미가 베짱이에게 말하였습니다.

"어서 와. 베짱이야. 내가 모아 둔 먹을거리가 많으니까 함께 사이좋게 나누어 먹자."

개미의 따뜻한 말에 베짱이는 자기도 모르게 눈물이 났습니다.

주제찾기 1. 글을 읽고 얻을 수 있는 가르침은 무엇입니까?

① 여름에는 쉬어야 한다.
② 농부는 논밭에서 일해야 한다.
③ 일할 사람은 일하고 놀 사람은 놀아야 한다.
④ 뒷날의 어려움을 이겨낼 수 있도록 준비해두어야 한다.
⑤ 미래에 일어날 일을 알지 못해도 어려운 일을 당하지 않는다.

제목찾기 2. 이야기에 나오는 동물의 이름을 넣어 제목을 붙이세요.

□□와 □□□

사실이해 3. 개미가 땀 흘려 일하는 동안 베짱이는 무엇을 하였습니까?

① 놀았다.
② 잠잤다.
③ 쉬었다.
④ 하품했다.
⑤ 비웃었다.

미루어알기

4. 개미와 베짱이의 모습을 알맞게 짝지어 놓은 것은 어느 것입니까?

① 말이 많다 – 말이 없다
② 부지런하다 – 게으르다
③ 조용하다 – 부산스럽다
④ 얌전하다 – 덜렁거린다.
⑤ 미련하다 – 약삭빠르다.

세부내용

5. ㉠과 뜻이 같은 낱말은 무엇입니까?

① 모두
② 모여
③ 함께
④ 혼자
⑤ 각자

적용하기

6. 베짱이로부터 어떤 사람을 떠올릴 수 있나요?

① 열심히 일하는 친구
② 엉뚱한 짓을 하는 친구
③ 남에게 거짓말하는 친구
④ 약한 사람을 괴롭히는 친구
⑤ 할 일은 않고 놀기만 하는 친구

1~6번 문제의 점수를 더하여 총점을 쓰고 152쪽의 표에 막대그래프로 표시하세요.

점수

독해력 키움 | 38. 이야기 글 읽기(6)

| 평가요소 | 1. ☐ 15점 | 2. ☐ 15점 | 3. ☐ 20점 | 4. ☐ 15점 | 5. ☐ 20점 | 6. ☐ 15점 |

156쪽 표의 해당하는 번호에 체크하세요.

한밤중이에요. 황소 아저씨네 추운 외양간에 하얀 달빛이 비치었어요. 그때 생쥐 한 마리가 외양간 모퉁이 벽 뚫린 구멍으로 얼굴을 쏙 내밀었어요. 생쥐는 쪼르르 황소 아저씨 등을 타고 저기 구유¹쪽으로 달려갔어요.

황소 아저씨는 갑자기 등이 가려워 긴 꼬리를 세차게 후려쳤어요. 달려가던 생쥐는 황소 아저씨가 후려친 꼬리에 튕기어 그만 외양간 바닥에 동댕이쳐졌어요.

"넌 누구냐?"

황소 아저씨가 굵다란 목소리로 물었어요.

"저……. 생쥐예요. 동생들 먹을 것을 찾아 나왔어요. 우리 엄마께서 갑자기 돌아가셨어요."

황소 아저씨는 뜻밖이었어요.

"먹을 게 어디 있는 데 남의 등을 타 넘고 가니?"

"저쪽 아저씨 구유에 밥찌꺼기가 있다고 건넛집 할머니께서 가르쳐 주셨어요. 제발 먹을 것을 가져가게 해 주세요."

"그랬니? 그럼 얼른 가져가거라. 동생들이 기다릴 테니 내 등 타 넘고 빨리 가거라."

"아저씨, 참말이에요? 고맙습니다."

생쥐는 열네 번이나 황소 아저씨 등을 타 넘었어요.

"이제 됐니?"

"네, 아저씨."

"그럼 오늘은 가서 푹 쉬고 내일 또 오너라."

이틀 뒤, 아기 생쥐들도 다 잘 볼볼 기어 다닐 수 있게 되었어요.

"생쥐야."

Note
1. 소나 말 따위의 가축들에게 먹이를 담아 주는 그릇. 흔히 큰 나무토막이나 큰 돌을 길쭉하게 파내어 만든다.
2. 네모지고 끝이 번쩍 들린 지붕의 귀퉁이 부분.

"네, 아저씨."

"동생들이 참 귀엽겠구나. 내일부터는 모두 함께 와서 맛난 것 실컷 먹으렴."

이튿날, 생쥐 남매들은 추녀❷ 밑 고드름을 녹여 눈곱도 닦고, 콧구멍도 씻고, 수염도 씻었어요.

"황소 아저씨!"

생쥐 다섯이 오르르 몰려왔어요.

"얼레? 모두 똑같구나!"

황소 아저씨는 생쥐들이 귀여워 두 눈이 오목오목 커졌어요.

생쥐들은 황소 아저씨랑 사이좋은 식구가 되었지요. 황소 아저씨 등은 타 넘고 다니며 술래잡기도 하고 숨바꼭질도 하였어요.

"오늘부터 나하고 함께 여기서 자자꾸나."

"네, 아저씨!"

생쥐들은 아저씨 목덜미에 붙어 자기도 하고, 겨드랑이에서 자기도 하였어요. 겨울이 다 지나도록 따뜻하게 따뜻하게 함께 살았어요.

주제찾기 1. 우리의 마음을 크게 울리는 내용은 무엇입니까?

① 외양간에 동물들이 살았다.
② 작은 동물이 먹을 양식을 찾았다.
③ 큰 동물이 작은 동물에게 등을 내주었다.
④ 동물들이 제각기 사는 곳을 나누자고 하였다.
⑤ 동물들이 서로 정을 나누며 따뜻하게 함께 살았다.

제목찾기 2. 이야기에 나오는 동물의 이름으로 글의 제목을 붙이세요.

□□ □□□

사실이해

3. 나오는 동물의 움직임을 그림 그리듯이 표현한 것을 고르세요.

① 생쥐 한 마리가
② 벽 뚫린 구멍으로
③ 얼굴을 쏙 내밀었어요.
④ 하얀 달빛이 비치었어요.
⑤ 굵다란 목소리로 물었어요.

미루어알기

4. '황소 아저씨'에 대해 알맞은 말은 어느 것입니까?

① 쌀쌀맞다.
② 바보 같다.
③ 부지런하다.
④ 마음이 넓다.
⑤ 말을 잘한다.

세부내용

5. 다음 (   )에 들어갈 알맞은 말은 무엇입니까?

> 마술을 보러 아이들이 (   ) 몰려들었다.

① 볼볼
② 오르르
③ 쪼르르
④ 데굴데굴
⑤ 오목오목

적용하기

6. 생쥐들이 황소 아저씨에게 해야 할 인사말은 어느 것입니까?

① 고맙습니다!
② 미안합니다!
③ 안녕하세요!
④ 안녕히 가세요!
⑤ 만나서 반가워요!

1~6번 문제의 점수를 더하여 총점을 쓰고 152쪽의 표에 막대그래프로 표시하세요.

점수

독해력 키움 | 39. 이야기 글 읽기(7)

평가요소: 1. ☐ 15점 | 2. ☐ 15점 | 3. ☐ 15점 | 4. ☐ 20점 | 5. ☐ 15점 | 6. ☐ 20점

156쪽 표의 해당하는 번호에 체크하세요.

선이네 동네에 슈퍼마켓이 새로 문을 열었는데, 손님들에게 선물로 플라스틱 바가지를 나누어 주었어요. 선이도 엄마를 따라 그 슈퍼마켓에 갔다가 바가지를 하나 받았어요.

"엄마, 이 바가지 내 바가지 해도 돼?"

선이가 묻자, 엄마가 빙그레 웃었어요.

"그러렴."

선이는 바가지를 머리에 써 보았어요.

둥글둥글 바가지 모자예요. 선이는 자전거에 바가지를 씌웠어요. 이러면 바가지 자전거지요. 선이는 바가지를 머리에 쓰고 자전거를 탔어요.

"따르릉따르릉, 바가지 자전거가 나갑니다."

선이는 목욕할 때도 바가지를 가져갔어요. 둥실둥실 바가지 배를 띄워 뱃놀이를 했어요. 바가지로 머리에 물을 붓기도 했지요.

"으아, 바가지 폭포다!"

선이는 머리에 물을 퍼부으며 소리를 질러 댔어요.

바가지가 깨졌어요!

금이 쫙쫙 가고, 구멍도 뻥 뚫렸어요. 엄마가 테이프를 붙여 주었어요.

선이는 조심스레 바가지에 물을 담아 보았어요. 그런데 바가지에서 물이 질질 샜어요. 조금 있으니까 테이프도 떨어져 버렸고요. 선이는 바가지를 다시 엄마한테 가져갔어요.

"엄마, 물이 새. 테이프 다시 붙여 줘."

하지만 이번에는 엄마가 고개를 저었어요.

"이 바가지, 못 쓰겠다. 그냥 버리자."

그러자 선이는 깨진 바가지를 품에 꼭 안았어요.

엄마가 오래오래 생각하다가 말했어요.

"선이야, 이 바가지로 화분을 만들면 어떨까? 마침 심을 씨앗도 있는데."

"음, 화분? 바가지 화분? 좋아!"
그러던 어느 날이었어요.
"엄마, 꽃이야. 꽃이 피었어!"
"선이야, 박꽃이야. 우리 선이가 아주 잘 가꾸었구나. 박꽃이 지면 그 자리에 박이 열릴 거야. 가을에 박이 잘 여물면 다시 바가지를 만들자."
"바가지? 박으로 바가지를 만들어? 그럼 이 박꽃은 (㉠   )이네!"

주제찾기 1. 보여 준 중심 내용은 무엇입니까?

① 엄마와 딸이 시장에 갔다.
② 시장에서 엄마가 물건을 사 왔다.
③ 동네에 슈퍼마켓이 새로 문을 열었다.
④ 꽃이 피는 장소에 따라 다른 이름을 붙였다.
⑤ 하나의 물건으로 여러 가지 재미있는 놀이를 하였다.

글감찾기 2. 이야기에 나온 사람이 놀이할 때 사용한 물건의 이름을 쓰세요.

사실이해 3. 이야기에 나온 꽃은 어느 것입니까?

① 과꽃   ② 박꽃
③ 분꽃   ④ 나팔꽃
⑤ 진달래꽃

미루어알기

4. 선이가 바가지를 받고 좋아한 까닭은 무엇입니까?

① 바가지를 처음 보았기 때문이다.
② 바가지가 예쁘게 생겼기 때문이다.
③ 바가지로 할 놀이를 생각했기 때문이다.
④ 바가지가 선이네 집에는 없었기 때문이다.
⑤ 바가지를 주신 엄마의 사랑을 느꼈기 때문이다.

세부내용

5. ㉠에 들어갈 말은 무엇인가요?

① 바가지 꽃
② 바가지 모자
③ 바가지 가면
④ 바가지 폭포
⑤ 바가지 자전거

적용하기

6. 선이처럼 재미있는 놀이를 할 수 있는 곳은 어디일까요?

① 공원
② 식물원
③ 수목원
④ 수박 수영장
⑤ 동해 해수욕장

1~6번 문제의 점수를 더하여 총점을 쓰고 152쪽의 표에 막대그래프로 표시하세요.

점수

독해력 키움 | 40. 이야기 글 읽기(8)

| 평가요소 | 1. ☐ 20점 | 2. ☐ 15점 | 3. ☐ 15점 | 4. ☐ 15점 | 5. ☐ 15점 | 6. ☐ 20점 |

156쪽 표의 해당하는 번호에 체크하세요.

물고기들은 무지개 물고기에게 말을 붙였습니다.

"얘, 무지개 물고기야, 이리 와서 우리랑 같이 놀자!"

하지만, 무지개 물고기는 한마디 대꾸도 없이 잘난 체하면서 휙 지나가 버렸습니다. 예쁜 비늘을 반짝이면서 말이에요.

어느 날, 파란 꼬마 물고기가 무지개 물고기를 뒤따라왔습니다. 파란 꼬마 물고기는 무지개 물고기를 불러 세웠습니다.

"무지개 물고기야, 잠깐만 기다려 봐! 너는 ㉠반짝이 비늘이 참 많구나. 나한테 한 개만 줄래? 네 반짝이 비늘은 정말 멋있어."

무지개 물고기가 버럭 소리를 질렀습니다.

"내가 가장 아끼는 건데, 달라고? 네가 뭔데 그래? 저리 비켜!"

파란 꼬마 물고기는 깜짝 놀라서 도망가 버렸습니다.

파란 꼬마 물고기는 어찌나 마음이 상했는지 친구들에게 그 일을 일러바쳤답니다. 그 뒤로는 아무도 무지개 물고기랑 놀려고 하지 않았습니다. 무지개 물고기가 다가오면 모두 자리를 피해 버렸습니다. 아무도 감탄해 주지 않는데, 눈부신 반짝이 비늘이 있어 봐야 무슨 소용이 있겠어요? 이제 무지개 물고기는 온 바다에서 가장 쓸쓸한 물고기가 되어 버렸습니다.

어느 날, 무지개 물고기는 불가사리 아저씨에게 고민을 털어놓았습니다.

"나는 정말 예쁘잖아요. 그런데 왜 아무도 나를 좋아하지 않는 걸까요?"

"그런 물음에는 대답해 줄 말이 없구나. 산호초 뒤에 있는 깊은 동굴에 가면 문어 할머니를 만날 수 있을 거야. 문어 할머니가 널 도와줄 수 있을 것 같구나."

무지개 물고기는 동굴을 찾아갔습니다.

동굴은 너무나 깜깜해서 아무것도 보이지 않았습니다.

그런데 갑자기 눈동자 두 개가 무지개 물고기 쪽을 향해 반짝 빛나더니 문어 할머니가 나타났습니다.

문어 할머니는 나직하면서 힘이 있는 목소리로 말했습니다.

"널 기다리고 있었단다. 파도가 벌써 네 이야기를 전해 주더구나. 내가 널 도와주마. 네 반짝이는 비늘을 다른 물고기들에게 한 개씩 나누어 주어라. 그럼 너는 더는 이 바다에서 가장 아름다운 물고기는 못 되겠지만, 지금보다 훨씬 행복해질 수 있을 거다."

"싫어"

무지개 물고기가 막 말을 꺼내려는데, 문어 할머니는 이미 까만 먹물을 내뿜고는 사라져 버렸습니다.

'내 비늘을 나누어 주라고? 이렇게 예쁜 비늘을? 안 돼. 반짝이 비늘이 없으면 난 행복하게 살 수 없을 걸?'

순간 무지개 물고기는 꼬리지느러미 쪽에서 물결이 살랑이는 것을 느꼈습니다. 파란 꼬마 물고기가 무지개 물고기를 바라보며 말하였습니다.

"무지개 물고기야, 제발 화내지 마! 난 그냥 작은 비늘 한 개만 갖고 싶었을 뿐이야."

무지개 물고기는 마음이 흔들렸습니다.

'아주아주 조그만 반짝이는 비늘 딱 한 개뿐인데 뭘. 한 개쯤은 없어도 괜찮을 거야.'

무지개 물고기는 조심스럽게 가장 작은 은빛 비늘 한 개를 뽑아서 파란 꼬마 물고기에게 주었습니다. / "고마워! 정말 고마워!"

파란 물고기는 좋아서 물거품을 보글보글 내뿜으며 반짝이 비늘을 파란 비늘 사이에 끼웠습니다.

무지개 물고기는 이상했습니다. 그래서 파란 꼬마 물고기가 반짝이는 비늘을 달고 앞으로 뒤로 헤엄치는 모습을 한참 동안 가만히 지켜보았습니다. 파란 꼬마 물고기는 비늘을 반짝이며 바닷속을 쉭쉭 헤엄쳐 다녔습니다.

얼마 뒤, 다른 물고기들도 무지개 물고기 주변으로 몰려들었습니다. 자기들도 반짝이 비늘을 갖고 싶었거든요.

무지개 물고기는 반짝이는 비늘을 하나씩 하나씩 뽑아서 나누어 주었습니다.

나누어 주면 줄수록 기쁨은 더욱 커졌습니다.

주제찾기 1. 이야기에서 얻을 수 있는 깨달음은 무엇입니까?

① 남을 미워하지 않아야 한다.
② 욕심이 많으면 자신을 망친다.
③ 겸손하게 양보하며 남과 어울려야 한다.
④ 친구들의 도움을 받아서 어려움을 이겨낸다.
⑤ 나보다 어린 사람의 말이라도 무시하지 않는다.

제목찾기 2. 빈칸을 채워 이야기의 제목을 붙이세요.

□□□ 물고기

사실이해 3. 누가 무지개 물고기에게 도움말을 주었나요?

① 불가사리   ② 파란 물고기   ③ 다른 물고기
④ 문어 할머니   ⑤ 숭어 할아버지

미루어알기 4. 무지개 물고기가 다른 물고기를 어떻게 대하였는지 알 수 있는 말은 어느 것인가요?

① 대꾸도 없이 잘난 체하면서   ② 예쁜 비늘을 반짝이면서
③ 바다에서 가장 쓸쓸한 물고기가   ④ 고민을 털어놓았습니다.
⑤ 동굴을 찾아갔습니다.

세부내용 5. ㉠은 무엇에서 비롯된 이름인가요?

① 소리   ② 모양   ③ 색깔   ④ 냄새   ⑤ 쓰임새

적용하기 6. 무지개 물고기 같은 친구에게 해 줄 수 있는 좋은 말은 무엇인가요?

① 잘난 체 하지 마!   ② 넉넉한 마음을 가져야 해!
③ 하나를 베풀면 열이 돌아와!   ④ 서로 도와주자!
⑤ 나눔이 우리를 행복하게 해!

점 수

1~6번 문제의 점수를 더하여 총점을 쓰고 152쪽의 표에 막대그래프로 표시하세요.

독해력 키움 | 41. 이야기 글 읽기(9)

| 평가요소 | 1. ☐ 15점 | 2. ☐ 15점 | 3. ☐ 15점 | 4. ☐ 20점 | 5. ☐ 15점 | 6. ☐ 20점 |

156쪽 표의 해당하는 번호에 체크하세요.

　　신사임당은 어려서부터 아버지에게 학문을 배웠고 바느질, 자수[1] 그리고 글씨와 그림 솜씨가 매우 뛰어났어요. 사임당의 그림은 40폭 정도가 전하는데, 산수, 포도, 대나무, 매화, 나비, 벌, 메뚜기와 같은 풀벌레 등 다양한 재료를 즐겨 그렸지요. 단순한 주제에 간결하면서도 안정된 화면, 여성적인 섬세한 표현 등은 천재 화가로 손꼽히는 데에 부족함이 없습니다.

　　사임당은 특히 '초충도'로 유명합니다. 초충도는 풀과 벌레를 그린 그림을 말해요. 신사임당은 풀벌레조차도 생명으로 소중하다고 생각하고 충분히 표현하려고 노력했어요. 꽃이나 작은 사마귀, 나비 하나도 잘 드러나게 그려내고 있지요. 신사임당의 초충도는 편안한 느낌을 주는데, 그림의 중앙을 중심으로 각종 풀벌레가 앞과 뒤, 왼쪽과 오른쪽에 놓여 있는 것이 특징이에요. 신사임당의 그림은 빛과 그림자를 살린 고운 색깔과 섬세하고 여성스러운 붓놀림 등이 뛰어나다고 평가받고 있어요. 이러한 초충도는 모두 8 작품이 남아 있어요.

　　이런 이야기가 전합니다. 하루는 마루에서 그림을 그리다가 잠깐 자리를 비운 사이, 마당에서 놀던 닭이 마루로 올라와 사임당이 그린 그림을 마구 쪼아대고 있었어요.

　　"아, 난 몰라!"

　　사임당은 울음을 터뜨렸어요. 그 모습을 본 아버지가 딸이 우는 이유를 듣고는 딸을 달랬어요.

　　"울지 마라. 네가 포도 열매에 앉은 잠자리를 너무 잘 그려서 수탉이 진짜인 줄 알았나 보구나. 그림이 찢어진 것은 아쉽지만 네가 그만큼 그림을 잘 그린다는 뜻이니 기뻐해야 할 일이야."

Note
[1] 옷감이나 헝겊 따위에 여러 가지의 색실로 그림, 글자, 무늬 따위를 수놓는 일.
[2] 사헌부 감찰을 지낸 이원수와 신사임당의 셋째 아들로 태어났다. 어려서부터 똑똑했고, 자라서는 9번이나 장원 급제를 했다. 또한 이이는 임진왜란 이전에 나라가 어지러울 것을 예측하고 10만 명의 군사를 키워야 한다고 했지만 안타깝게도 이 주장은 받아들여지지 않았다.

글감찾기

　이처럼 사임당의 그림 솜씨는 매우 뛰어나 꽃을 그리면 나비들이 날아와 앉을 정도였대요.

　열아홉 살 되던 해에 사임당은 이원수라는 사람과 결혼했어요. 하지만 사임당의 아버지가 병을 앓던 중이라 이원수만 혼자, 그때의 서울인 한양으로 올라가고 사임당은 친정에 남아 있었어요. 그리고 아버지가 돌아가신 뒤 삼 년 동안 예의를 다하고서야 친정어머니를 두고 시댁으로 갔어요.

　사임당은 자신의 학문을 쌓는 일에도 게을리하지 않는 한편, 며느리로서 아내로서 그리고 어머니로서의 해야 할 역할도 훌륭히 해냈어요.

　어진 어머니 밑에서 자란 사임당의 일곱 자녀는 모두 훌륭하게 자랐어요. 그 가운데 유독 총명한 아들 율곡 이이는 열세 살에 장원 급제를 했어요. 율곡 이이는 벼슬살이도 했지만, 그보다 성리학이라는 학문에 힘써 큰 업적을 남겼어요. 또한, 맏딸과 막내아들 역시 어머니처럼 학문과 시, 그림 등 여러 방면에 뛰어났어요.

　훗날 율곡 이이❷는 어질고 단정한 어머니의 성품과 재능을 여러 책을 통해 알렸어요.

주제찾기　**1.** 글의 중심 내용은 무엇입니까?

① 옛날 사람의 이름
② 똑똑한 사람의 슬픈 삶
③ 힘이 센 두 사람 사이의 다툼
④ 한 사람이 살아간 자취와 남긴 업적
⑤ 뛰어난 힘을 가진 사람이 성공하는 이야기

글감찾기　**2.** 글에서 거듭해서 다룬 사람의 이름을 쓰세요.

| □ | □ | □ | □ |

사실이해

3. 글에 나온 내용은 어느 것입니까?

① 사임당의 그림 8폭이 전한다.
② 사임당은 화면을 빈틈없이 채웠다.
③ 사임당은 풀벌레의 그림을 잘 그렸다.
④ 사임당은 아버지에게 그림을 그려보였다.
⑤ 사임당은 결혼한 뒤에 학문을 하지 않았다.

미루어알기

4. 사임당의 그림에 관해 짐작해 볼 수 있는 일은 어느 것입니까?

① 연습을 열심히 한 일
② 아버지와 함께 그린 일
③ 그림에 글씨를 써넣은 일
④ 실물을 똑 닮은 그림을 그린 일
⑤ 사람들에게 솜씨를 칭찬받은 일

세부내용

5. 사임당과 거리가 먼 것은 무엇입니까?

① 딸   ② 아내   ③ 며느리
④ 어머니   ⑤ 벼슬아치

적용하기

6. 글을 읽고 사임당에 대해 가장 바르게 평가한 것을 고르세요?

① 총명한 아이   ② 효심 깊은 딸
③ 훌륭한 예술가   ④ 아량이 넓은 이웃
⑤ 생각이 깊은 어머니

1~6번 문제의 점수를 더하여 총점을 쓰고 152쪽의 표에 막대그래프로 표시하세요.

점 수

독해력 키움 | 42. 이야기 글 읽기(10)

| 평가요소 | 1. ☐ 15점 | 2. ☐ 15점 | 3. ☐ 15점 | 4. ☐ 20점 | 5. ☐ 20점 | 6. ☐ 15점 |

156쪽 표의 해당하는 번호에 체크하세요.

어릴 때부터 전쟁놀이를 즐겼던 이순신은, 장차 장군이 되고 싶어 했으며, 글공부도 게을리하지 않아 성실하고 총명한 청년으로 자랐어요.

장군이 되기 위해 관직에 오른 이순신은 우리나라의 북쪽 끝, 함경도 국경을 지키다가 왜군이 침입할 것을 예상한 유성룡과 권율의 추천으로 전라 좌도 수군 절도사가 되었어요.

이순신은 군사를 훈련하고 군사들과 함께 농사를 지어 군량미를 마련하였으며, 왜군의 침략에 대비해 거북선 등 많은 배를 만들었어요.

1592년 4월, 임진왜란이 일어나자 경상도 지방을 지키던 원균이 크게 패해 왜군이 얼마 지나지 않아 서울 근처까지 쳐들어왔어요. 임금인 선조가 서울을 떠나 중국과 맞닿아 있는 의주까지 피란을 가게 되었어요. 이에 이순신은 거북선을 비롯한 여러 척의 배를 이끌고 경상도로 향했어요. 그리고 수백 척이나 되는 왜군의 배를 물리쳤어요.

이순신은 거북선을 이용하여 바다에서의 싸움을 모두 승리로 이끌었어요. 그러자 왜군은 100여 척의 배를 이끌고 다시 공격해왔고, 이순신은 단 50척의 배로 한산도에서 적의 배와 군대에 맞서 뛰어난 힘을 떨치며 크게 승리를 거두었어요.

임금인 선조가 피난을 갔다가 다시 한양으로 돌아왔지만, 벼슬아치들이 서로 무리를 지어 싸우는 바람에 이순신은 누명을 쓰고 옥살이를 하게 되었어요. 그러자 영의정 유성룡이 이순신에게는 잘못이 없다며 그를 감싸 주었어요. 비록 옥에서는 풀려났지만, 조정에서는 그에게 아무 벼슬도 주지 않았어요.

어쩔 수 없이 이순신은 육지에서 권율 장군을 따라 전쟁터에 나가게 되었어요. 하지만 그는 한 마디 불평도 하지 않고 오직 나라만 생각하며 권율 장군을 도와 열심히 싸웠어요.

그러는 동안 바다는 다시 왜군의 차지가 되었어요. 그리고 이순신의 자리를 대신했던 원균이 왜적에게 크게 패하고 전사하자 선조는 다시 이순신을 3도 수

군통제사로 임명해 바다로 보냈어요.

이순신이 도착했을 때 당시 적에게 맞설 수 있는 배는 단 12척뿐이었고, 군사들도 싸울 힘을 잃고 지쳐 있었어요. 도저히 싸움터에 나갈 수 없을 듯했지만, 이순신은 포기하지 않고 싸울 준비를 했어요.

1598년에 왜 나라의 도요토미 히데요시가 세상을 뜨자 왜군들은 철수하기 시작했어요. 이때를 노린 이순신은 11월 19일, 중국 명나라 수군과 함께 노량진 앞바다로 나갔어요.

싸움이 시작되자 바다는 불타는 배와 군인들의 아우성으로 가득했어요. 공격이 막바지에 이르렀을 때 이순신은 가슴을 움켜쥐며 비틀거렸어요. 아들 회와 조카 완이 달려오자 이순신은 나지막이 말했어요.

"내가 죽은 것을 알면 우리 군인들의 힘이 떨어질 것이다. 내 죽음을 알리지 마라. 나를 방패로 가리고 완이가 병사들을 이끌도록 하라."

이순신이 남긴 말대로 싸움이 끝날 때까지 모든 병사가 온 힘을 다해 싸웠고, 적군은 500여 척의 배를 잃고 싸움에서 크게 졌습니다.

주제찾기 1. 가장 인상 깊게 떠올린 내용은 무엇입니까?

① 바다에서 싸우는 군인
② 남보다 먼저 겪는 어려움
③ 나라를 위해 온 힘을 다한 삶
④ 무리를 지어 서로 싸우는 어리석음
⑤ 장군이 되기까지 겪게 되는 어려운 길

제목찾기 2. 이름을 빈칸에 넣어 제목을 붙이세요.

□□□ 장군의 삶

사실이해

3. 이순신이 군인이 되어 처음 간 곳은 어디입니까?

① 함경도　　② 평안도　　③ 충청도
④ 전라도　　⑤ 경상도

미루어알기

4. 글을 읽고 떠올릴 수 있는 일은 어느 것입니까?

① 유성룡은 이순신의 친척이다.
② 원균은 능력이 뛰어난 군인이다.
③ 선조 임금은 나라를 잘 다스렸다.
④ 왜군은 순식간에 서울로 올라왔다.
⑤ 왜군은 바다보다 육지에서 더 강했다.

세부내용

5. 이순신이 바다에서 싸워 이길 수 있도록 한 것은 무엇입니까?

① 글공부　　② 거북선　　③ 군량미
④ 옥살이　　⑤ 전쟁터

적용하기

6. 싸움에 이긴 장면을 가장 잘 드러낸 것을 고르세요.

① 전쟁놀이는 즐거워!
② 수군절도사가 된 장군!
③ 농사지으면서 배를 만들자!
④ 내 죽음을 병사에게 알리지 마라!
⑤ 적은 수의 배로 500여 척의 배를 깨뜨리다!

점수
1~6번 문제의 점수를 더하여 총점을 쓰고 152쪽의 표에 막대그래프로 표시하세요.

독해력 키움 | 43. 이야기 글 읽기(11)

| 평가요소 | 1. ☐ 20점 | 2. ☐ 15점 | 3. ☐ 15점 | 4. ☐ 15점 | 5. ☐ 15점 | 6. ☐ 20점 |

156쪽 표의 해당하는 번호에 체크하세요.

　유관순은 충청남도의 한 기독교 집안에서 태어나 선교사[1]의 소개로 이화 학당에 입학했어요.

　그런데 유관순이 학교에 입학한 다음 해에 그때의 임금 고종이 세상을 뜨고 말았어요. 일본 사람들이 고종에게 몹쓸 짓을 하여 돌아가시게 했다는 소문이 돌자 백성들은 성이 나서 어쩔 줄 몰라 했어요. 참다못한 조선의 유학생들이 일본의 수도 도쿄에서 1919년 2월 8일에 독립 선언을 했고, 3월 1일에는 서울에서 만세 운동이 일어났어요.

　만세 운동이 가라앉을 기미가 보이지 않자 조선총독부[2]는 모든 학교에 강제로 문을 닫으라는 명령을 내렸어요. 유관순은 고향으로 내려와 서울에서 있었던 만세 운동을 전했어요.

　"나라님이 왜놈들 손에 죽었는데 어떻게 가만히 있어요. 우리도 뭔가를 보여 줘야 한다고요. 우리나라를 되찾아야 해요!"

　유관순은 음력 3월 1일, 충청남도 천안의 아우내 장터에서 태극기를 흔들며 만세 운동을 벌이기로 했어요. 밤새 태극기를 만들고 빈틈없이 준비한 뒤, 날이 밝자 뜻이 같은 사람들과 함께 장터에 모인 사람들에게 태극기를 나누어 주었어요.

　"여러분! 반만년 역사를 자랑하는 우리나라를 저 잔인한 일본이 강제로 빼앗았습니다. 그동안 우리 민족은 나라 없는 서러움과 일본의 모진 짓에 시달려 왔습니다. 이제는 우리 모두 일어날 때입니다. 나라를 되찾읍시다. 대한 독립 만세!"

　아우내 장터에 모인 3,000여 명의 사람들이 유관순을 따라 다 같이 만세를 불렀어요.

Note
[1] 외국에 보내어 기독교를 믿도록 하는 일에 힘쓰는 사람.
[2] 일본이 1910년부터 1945년까지 우리나라를 지배하기 위하여 설치하였던 최고 관청. 식민지 통치의 중심이 된 기관으로 입법, 사법, 행정 및 군대 통수권을 집행할 수 있는 막강한 권한을 행사하였다.

"대한 독립 만세, 만세!"

그러자 일본 헌병들이 우리나라 사람들을 향해 마구 총을 쏘았어요. 유관순의 부모를 비롯해 많은 사람이 목숨을 잃었고, 유관순은 앞장선 죄로 몰려 체포된 뒤 고문을 당했어요.

"내 나라에 쳐들어온 너희에게 나는 재판을 받을 수가 없다. 나는 내 나라를 위해 내 나라에서 당당한 일을 했을 뿐이다!"

유관순은 모진 고문을 받으면서도 끝까지 일본 경찰에 굽히지 않았어요. 유관순은 3년을 감옥에서 살아야 한다는 벌을 받고 서울 서대문 형무소로 옮겨졌어요.

유관순은 그 어떤 고문도 꿋꿋이 참아 냈지만, 형벌을 견디지 못하고 결국 19세라는 꽃다운 나이에 차디찬 감옥에서 죽음을 맞이했어요.

어린 나이에 나라를 독립시키려고 목숨을 바친, 유관순의 나라를 사랑하는 마음은 지금도 많은 사람의 기억 속에 남아 있어요. 1962년에야 유관순에게 나라에서 큰 훈장을 주었어요.

주제찾기 **1.** 글의 중심 내용을 가장 잘 간추린 말은 무엇입니까?

① 나라를 사랑하는 마음
② 참다못한 조선의 유학생들
③ 만세 운동이 가라앉을 기미
④ 태극기로 만세 운동 벌이기
⑤ 내 나라를 위해 했던 당당한 일

글감찾기 **2.** 글에서 중심 인물을 찾아 이름을 쓰세요.

사실이해 **3.** 만세 운동을 기념하는 날은 언제입니까?

① 2월 8일
② 3월 1일
③ 5월 5일
④ 8월 15일
⑤ 10월 3일

미루어알기

4. 글을 읽고 알 수 있는 일은 무엇입니까?

① 교회를 도시에 세웠다.
② 도쿄에서 만세를 불렀다.
③ 만세 운동으로 나라를 되찾았다.
④ 만세 운동 때 많은 사람이 죽었다.
⑤ 유관순은 재판 없이 형무소로 갔다.

세부내용

5. 다음은 무엇을 설명한 것입니까?

> 주로 시골에서 사람들이 물건을 사고파는 곳

① 집안　　　　　② 세상
③ 장터　　　　　④ 학교
⑤ 고문

적용하기

6. 유관순의 삶에서 가장 훌륭한 점은 무엇입니까?

① 이화 학당에 입학함
② 독립 만세 운동을 준비함
③ 다른 사람들 앞에서 만세를 부름
④ 서울에서 있었던 만세 운동을 전함
⑤ 우리나라의 독립을 위해 목숨을 바침

1~6번 문제의 점수를 더하여 총점을 쓰고 152쪽의 표에 막대그래프로 표시하세요.

점수

독해력 키움 | 44. 시 읽기(1)

| 평가요소 | 1. ☐ 20점 | 2. ☐ 20점 | 3. ☐ 20점 | 4. ☐ 20점 | 5. ☐ 20점 |

157쪽 표의 해당하는 번호에 체크하세요.

어두운 밤길에서
넘어질까 봐,
달님이 따라오며
비추어줘요.

혼자서 걸어가면
심심할까 봐,
개구리 개굴개굴
노래해 줘요.

주제찾기 1. 무엇을 노래하고 있나요.

① 외롭지 않아요.
② 달님이 웃어요.
③ 밤길에 넘어져요.
④ 혼자서 위험해요.
⑤ 개구리가 노래해요.

제목찾기 2. 시에서 말하고 있는 사람이 걸어가고 있는 길을 찾아 제목을 붙여 보세요.

사실이해 3. 거듭 나타나서 기억이 잘 되는 말은 무엇입니까?

① 어두운
② 넘어질까
③ 달님이
④ 혼자서
⑤ 줘요

미루어알기 4. 달님은 말하는 사람의 어느 쪽에 있습니까?

① 앞
② 뒤
③ 왼쪽
④ 오른쪽
⑤ 머리 앞

세부내용 5. 흉내 내는 소리로 이루어진 말은 어느 것입니까?

① 어두운
② 달님이
③ 혼자서
④ 개구리
⑤ 개굴개굴

점 수

1~5번 문제의 점수를 더하여 총점을 쓰고 153쪽의 표에 막대그래프로 표시하세요.

독해력 키움 | 45. 시 읽기(2)

평가요소 1. ☐ 20점 2. ☐ 20점 3. ☐ 20점 4. ☐ 20점 5. ☐ 20점

157쪽 표의 해당하는 번호에 체크하세요.

둥둥 엄마 오리
못물 위에 둥둥

동동 아기 오리
엄마 따라 동동

풍덩 엄마 오리
못물 속에 풍덩

퐁당 아기 오리
엄마 따라 퐁당

주제찾기 1. 무엇에 마음이 끌리고 있습니까?

① 못물 위의 엄마 오리
② 귀엽게 노는 아기 오리
③ 풍덩 빠지는 엄마 오리
④ 날갯짓하는 아기 오리
⑤ 헤엄치는 오리 두 마리

글감찾기 2. 초점을 맞춘 짐승은 무엇인가요?

☐☐ ☐☐

관련 교과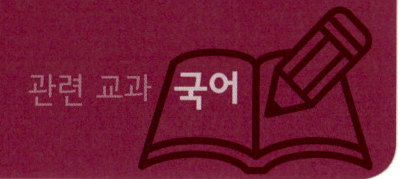

사실이해 3. 시에 나타난 움직임은 어떤 것인가요?

① 올라가기
② 내려가기
③ 따라 하기
④ 혼자 하기
⑤ 엄마 찾기

미루어알기 4. 작은 짐승이 예쁘게 물에 빠지는 소리를 흉내 낸 말은 어느 것입니까?

① 둥둥
② 못물
③ 동동
④ 풍덩
⑤ 퐁당

세부내용 5. 시의 한 묶음은 몇 줄씩으로 되어 있나요?

① 한 줄
② 두 줄
③ 석 줄
④ 넉 줄
⑤ 다섯

점 수

1~5번 문제의 점수를 더하여 총점을 쓰고 153쪽의 표에 막대그래프로 표시하세요.

독해력 키움 | 46. 시 읽기(3)

평가요소 1. ☐ 20점 | 2. ☐ 20점 | 3. ☐ 20점 | 4. ☐ 20점 | 5. ☐ 20점

157쪽 표의 해당하는 번호에 체크하세요.

꽃잎은 좋겠다.
방울방울 이슬이
닦아 주니까.

나무는 좋겠다.
주룩주룩 소낙비가
씻어 주니까.

주제찾기 1. 무엇을 말한 시입니까?

① 물건의 모양
② 들려오는 소리
③ 사람의 아름다움
④ 시원스러운 기분
⑤ 마음에 떠올린 느낌

글감찾기 2. 시에서 말하는 사람의 느낌을 드러낸 낱말을 찾아 쓰세요.

사실이해

3. 시에서 말하는 사람이 처음 떠올린 물건은 무엇입니까?

① 꽃잎
② 방울
③ 이슬
④ 나무
⑤ 소낙비

미루어알기

4. '좋겠다.'라고 말한 까닭은 무엇입니까?

① 빛이 나니까.
② 마음에 드니까.
③ 재미있게 노니까.
④ 고운 소리가 나니까.
⑤ 깨끗하게 만들어 주니까.

세부내용

5. 시를 끝맺으면서 거듭 나타난 낱말은 무엇입니까?

① 좋겠다
② 방울방울
③ 주니까
④ 소낙비가
⑤ 주룩주룩

1~5번 문제의 점수를 더하여 총점을 쓰고 153쪽의 표에 막대그래프로 표시하세요.

점 수

독해력 키움 | 47. 시 읽기(4)

| 평가요소 | 1. ☐ 20점 | 2. ☐ 20점 | 3. ☐ 20점 | 4. ☐ 20점 | 5. ☐ 20점 |

157쪽 표의 해당하는 번호에 체크하세요.

신발 물어 던진
강아지 녀석
혼내 주려다
그만뒀다.

살래살래 흔드는
고 꼬리 땜에…….

우유병 넘어뜨린
고양이 녀석
꿀밤을 먹이려다
그만뒀다.

쫑긋쫑긋 세우는
고 귀 땜에…….

주제찾기

1. 중심 내용은 무엇입니까?

① 신발 물어 던진 강아지
② 우유병 넘어뜨린 고양이
③ 강아지와 고양이의 움직임
④ 강아지와 고양이에 대한 생각
⑤ 강아지의 꼬리와 고양이의 귀

관련 교과 **국어**

제목찾기 2. 시에서 말하는 사람의 생각을 모아놓은 낱말로 제목을 붙이세요.

☐☐☐☐

사실이해 3. 강아지가 움직이는 모양을 흉내 낸 말은 어느 것입니까?

① 신발 물어
② 살래살래
③ 넘어뜨린
④ 먹이려다
⑤ 쫑긋쫑긋

미루어알기 4. 혼내 주고, 꿀밤을 먹이려다 그만둔 까닭은 무엇입니까?

① 도망가서
② 얄미워서
③ 귀여워서
④ 불쌍해서
⑤ 무서워서

세부내용 5. 시에서 거듭하여 나타난 것은 무엇입니까?

① 똑같은 물건
② 똑같은 짐승
③ 소리를 흉내 낸 말
④ 글자의 수가 같은 묶음
⑤ 같거나 비슷한 소리와 낱말

점 수

1~5번 문제의 점수를 더하여 총점을 쓰고 153쪽의 표에 막대그래프로 표시하세요.

독해력 키움 | 48. 시 읽기(5)

| 평가요소 | 1. ☐ 20점 | 2. ☐ 20점 | 3. ☐ 20점 | 4. ☐ 20점 | 5. ☐ 20점 |

157쪽 표의 해당하는 번호에 체크하세요.

때굴때굴 도토리
어디서 왔나?

단풍잎 곱게 물든
산골서 왔지.

때굴때굴 도토리
어디서 왔나?

다람쥐 한눈 팔 때
굴러서 왔지

주제찾기   **1.** 시에서 무엇을 떠올리게 되나요?

① 굴러가는 도토리
② 잎이 피어나는 나무
③ 나무에 앉은 다람쥐
④ 도토리가 떨어지는 숲
⑤ 다람쥐를 찾고 있는 사람들

글감찾기   **2.** 여러 번 나타난 글감은 무엇입니까?

| ☐☐☐ |

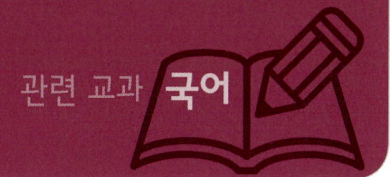

사실이해

3. 굴러가는 모양을 재미있게 흉내 낸 말은 어느 것입니까?

① 때굴때굴
② 어디서
③ 곱게 물든
④ 한눈팔
⑤ 굴러

미루어알기

4. 시에서 어떤 계절을 떠올릴 수 있나요?

① 봄
② 여름
③ 가을
④ 겨울
⑤ 사계절

세부내용

5. 이 시는 네 묶음으로 되어 있습니다. 각각 묶음은 몇 줄씩으로 되어 있나요?

① 한 줄
② 두 줄
③ 석 줄
④ 넉 줄
⑤ 다섯 줄

점 수

1~5번 문제의 점수를 더하여 총점을 쓰고 153쪽의 표에 막대그래프로 표시하세요.

독해력 키움 | 49. 시 읽기(6)

| 평가요소 | 1. ☐ 20점 | 2. ☐ 20점 | 3. ☐ 20점 | 4. ☐ 20점 | 5. ☐ 20점 |

157쪽 표의 해당하는 번호에 체크하세요.

달 달 무슨 달
쟁반같이 둥근 달
어디 어디 떴나
동산 위에 떴지.

달 달 무슨 달
해와 같이 밝은 달
어디 어디 비추나
우리 동네 비추지.

주제찾기 1. 어떤 느낌이 든다고 말하고 있나요?

① 아주 멀다.
② 눈이 부시다.
③ 친구처럼 정겹다.
④ 혼자 있어서 외롭다.
⑤ 오래 기다려서 지루하다.

글감찾기 2. 무엇을 보고 쓴 시입니까?

사실이해 3. 달의 모양이 무엇과 같다고 했습니까?

① 별
② 쟁반
③ 동산
④ 해
⑤ 동네

미루어알기 4. 이 시를 노래로 부르기 좋은 까닭은 무엇입니까?

① 읽을 수 있어서
② 두 묶음으로 되어서
③ 반복되는 말이 있어서
④ 소리를 흉내 낸 말이 있어서
⑤ 물건을 사람에 빗댄 말이 있어서

세부내용 5. 시에 나타난 말하기의 특징은 무엇입니까?

① 주고받기
② 묻고 답하기
③ 끝말 이어가기
④ 자세히 설명하기
⑤ 묻는 말을 거듭하기

점수

1~5번 문제의 점수를 더하여 총점을 쓰고 153쪽의 표에 막대그래프로 표시하세요.

독해력 키움 | 50. 시 읽기(7)

어제 말야
우리 교실이 하늘로 붕 날아오른 거 아니?
내가 주문을 좀 외웠거든
우리 동네 길고양이한테 배운 건데
걔는 굴뚝새한테 배웠대
너한테도 가르쳐 줄 순 있지만
아무나 다 되는 건 아니래
그래도 조심해
너도 될지도 모르잖아
잘 들어, 한 번밖에 안 할 거니까

하파타카차자아
사바마라다나가
날아라, 교실

이걸 딱 만 번 외웠더니 교실이 붕 떠오르는 거야
그래서 어떻게 됐냐고?
다음에 말해 줄게, 나 지금 좀 바쁘거든

주제찾기

1. 시에서 말하는 사람은 어떤 사람입니까?

① 마술하는 아이
② 비행기를 타고 가는 친구
③ 주문을 외어 공중에 뜬 마술사
④ 재미있게 말장난을 하는 개구쟁이
⑤ 어린이에게 놀이 방법을 가르쳐주는 어른

제목찾기 2. 빈칸을 채워 알맞은 제목을 붙이세요.

□□□, 교실

사실이해 3. '나'는 누구한테서 주문을 배웠습니까?

① 친구
② 마술사
③ 굴뚝새
④ 길고양이
⑤ '나'의 아빠

미루어알기 4. 듣는 사람의 호기심을 크게 불러일으킬 수 있는 말은 어느 것입니까?

① 나 지금 좀 바쁘거든
② 이걸 딱 만 번 외웠더니
③ 너한테도 가르쳐 줄 순 있지만
④ 우리 동네 길고양이한테 배운 건데
⑤ 우리 교실이 하늘로 붕 날아오른 거 아니?

세부내용 5. 시에서 크고 당당한 목소리로 읽어야 할 부분을 찾아 모두 옮겨 쓰세요.

점수

1~5번 문제의 점수를 더하여 총점을 쓰고 153쪽의 표에 막대그래프로 표시하세요.

독해력 키움 | 51. 시 읽기(8)

| 평가요소 | 1. ☐ 20점 | 2. ☐ 20점 | 3. ☐ 20점 | 4. ☐ 20점 | 5. ☐ 20점 |

157쪽 표의 해당하는 번호에 체크하세요.

> 겨울 들판이
> 텅 비었다.
>
> 들판이 쉬는 중이다.
> 풀들도 쉰다.
> 나무들도 쉬는 중이다.
>
> 햇볕도 느릿느릿 내려와 쉬는 중이다.

주제찾기 1. 두드러지게 강조한 낱말은 무엇입니까?

① 겨울
② 쉰다.
③ 나무
④ 비었다.
⑤ 느릿느릿

제목찾기 2. 빈칸에 낱말을 넣어 알맞은 제목을 붙이세요.

> 겨울 ☐☐

사실이해 3. 어떤 내용으로 시작하고 있습니까?

　　① 텅 빈 들판
　　② 얼어있는 강물
　　③ 쉬고 있는 사람들
　　④ 바람이 부는 골짜기
　　⑤ 햇빛이 비치는 초가집

미루어알기 4. 겨울 들판이 텅 빈 까닭은 무엇입니까?

　　① 풀이 말라서
　　② 나뭇잎이 떨어져서
　　③ 모든 것이 쉬고 있어서
　　④ 농부들이 쉬는 중이어서
　　⑤ 햇볕이 구름 뒤로 숨어버려서

세부내용 5. '느릿느릿'이 꾸미는 말은 어느 것입니까?

　　① 쉬는
　　② 햇볕도
　　③ 내려와
　　④ 중이다
　　⑤ 비었다

점 수

1~5번 문제의 점수를 더하여 총점을 쓰고 153쪽의 표에 막대그래프로 표시하세요.

독해력 키움 | 52. 시 읽기(9)

| 평가요소 | 1. ☐ 20점 | 2. ☐ 20점 | 3. ☐ 20점 | 4. ☐ 20점 | 5. ☐ 20점 |

157쪽 표의 해당하는 번호에 체크하세요.

깊고 깊은 산 속에
옹달샘 하나
맑고 맑은 물속에
파아란 하늘

조롱박 하나 가득
물 마시면
입속으로 들어오는
파아란 하늘

주제찾기 1. 시에서 말하는 사람에게 가장 큰 인상을 주는 것은 무엇입니까?

① 산
② 하늘
③ 조롱박
④ 맑은 물
⑤ 파란색

글감찾기 2. 시에서 말하는 사람은 어디에 있습니까?

☐☐☐

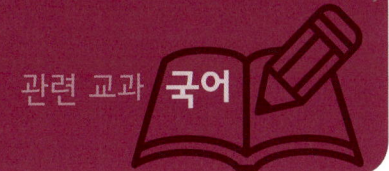

사실이해 3. 주로 몸의 어느 부분으로 느낄 수 있는 내용입니까?

① 귀
② 눈
③ 코
④ 입
⑤ 살갗

미루어알기 4. '하늘이 입속으로 들어온다.'라고 말한 까닭은 무엇일까요?

① 하늘이 가까워서
② 물이 아주 깨끗해서
③ 숨을 크게 쉬기 위해서
④ 하늘이 짙은 파란 색이어서
⑤ 파란 숲속에서 쉬기 위해서

세부내용 5. 다음과 같이 설명할 수 있는 낱말은 무엇입니까?

> 맞춤법에 맞지 않지만 느낌이나 생각을 돋보이게 하려고 그대로 적습니다.

① 깊고
② 맑은
③ 파아란
④ 가득
⑤ 들어오는

점수

1~5번 문제의 점수를 더하여 총점을 쓰고 153쪽의 표에 막대그래프로 표시하세요.

독해력 키움 | 53. 시 읽기(10)

기우뚱기우뚱 통나무
어떻게 옮기나?
둘이서 들면 되잖아.
영차, 영차.

휘청휘청 긴 바가지로
어떻게 물을 떠먹나?
서로 먹여 주면 되잖아.
꼴깍꼴깍.

달싹달싹 꼼짝 않는 시소
어떻게 타나?
둘이서 타면 되잖아.
오르락내리락.

달달달 추운 겨울
어떻게 지내나?
서로 안아 주면 되잖아.
새근새근 콜콜.

정다운 겨울.

주제찾기 1. 거듭거듭 드러낸 내용은 무엇입니까?

① 물을 마셔요. ② 함께 하면 좋아요.
③ 사이좋게 어울려요. ④ 서로서로 사랑해요.
⑤ 안아 주면 따뜻해요.

제목찾기 2. 시에 나온 같은 말을 두 번 사용하여 제목을 붙이세요.

| □□□ □□□ |

사실이해 3. 어떤 내용으로 시작하고 있습니까?

① 물 떠먹기 ② 시소 타기 ③ 물건 옮기기
④ 겨울나기 ⑤ 서로 안아주기

미루어알기 4. 처음부터 네 번째 묶음까지, 각각의 묶음은 어떻게 시작하고 있나요?

① 묻기 ② 풀기 ③ 쉬기
④ 일하기 ⑤ 답하기

세부내용 5. 잠을 잘 때 내는 소리를 흉내 낸 말은 어느 것인가요?

① 달달달 ② 휘청휘청 ③ 달싹달싹
④ 새근새근 ⑤ 오르락내리락

독해력 키움 | 54. 시 읽기(11)

| 평가요소 | 1. ☐ 20점 | 2. ☐ 20점 | 3. ☐ 20점 | 4. ☐ 20점 | 5. ☐ 20점 |

157쪽 표의 해당하는 번호에 체크하세요.

두껍아 두껍아
흙집 지어라
두껍아 두껍아
흙집 이어라

개미는 흙 나르고
황새는 물 긷고
까치가 밟아도 따안딴
㉠황소가 밟아도 따안딴

두껍아 두껍아
흙집 지어라
두껍아 두껍아
흙집 지어라

헌 집은 무너지고
새집은 튼튼하고
굼벵이가 살아도 따안딴
토끼가 살아도 따안딴

주제찾기

1. 어떤 모습을 떠올릴 수 있는 시입니까?

① 두꺼비의 집이 무너지는 모습
② 두꺼비의 집에 동물들이 모이는 모습
③ 두꺼비가 다른 동물들과 다투는 모습
④ 두꺼비가 다른 동물들과 숨바꼭질하는 모습
⑤ 두꺼비가 다른 동물들과 함께 흙집을 짓는 모습

글감찾기 2. 빈칸을 채워 글감이 된 놀이의 이름을 쓰세요.

두꺼비 □□□ 놀이

사실이해 3. 두꺼비가 집을 짓는 것을 도와준 동물의 수는 몇입니까?

① 2　　② 3　　③ 4　　④ 5　　⑤ 6

미루어알기 4. ㉠에서 떠올릴 수 있는 느낌은 어떠합니까?

① 시원하다　　② 따뜻하다　　③ 갑갑하다
④ 튼튼하다　　⑤ 물렁하다

세부내용 5. 겹받침을 가진 것을 고르세요.

① 밖　　② 흙　　③ 황　　④ 집　　⑤ 딴

1~5번 문제의 점수를 더하여 총점을 쓰고 153쪽의 표에 막대그래프로 표시하세요.

점수

독해력 키움 | 55. 시 읽기(12)

달팽이는 달팽이는
집을 지고 다니는
달팽이는

집 볼 사람 필요 없네.
자물쇠도 필요 없네.

달팽이는 달팽이는
집을 지고 다니는
달팽이는

비가 와도 걱정 없네.
저물어도 걱정 없네.

주제찾기 1. 시에 담긴 중심 생각은 무엇입니까?

① 동물은 집이 없다.
② 사람은 집을 돌봐야 한다.
③ 달팽이는 집을 지고 다닌다.
④ 비가 오면 집이 비에 젖는다.
⑤ 날이 저물면 마음에 걱정이 생긴다.

글감찾기 2. 글감이 된 동물의 이름을 쓰세요.

사실이해

3. 가장 여러 번 나타난 말은 무엇입니까?

① 달팽이는　　　　　② 자물쇠도
③ 필요 없네　　　　　④ 걱정 없네
⑤ 지고 다니는

미루어알기

4. 시를 읽고 떠올린 모습으로 알맞은 것은 어느 것입니까?

① 지붕 위에 달팽이가 있다.
② 집이 큰 자물쇠로 잠겨 있다.
③ 달팽이가 부지런히 먹이를 먹고 있다.
④ 달팽이가 널따란 풀잎 위를 느릿느릿 기어간다.
⑤ 비가 오고 날이 저물었는데 달팽이가 집을 찾고 있다.

세부내용

5. 시의 모양에 대해 바르게 설명한 것은 어느 것입니까?

① 모든 줄의 글자 수가 같다.
② 각 묶음이 같은 낱말로 시작한다.
③ 각 묶음의 끝에는 같은 낱말이 나타난다.
④ 줄을 차지하는 글자의 수가 점점 많아진다.
⑤ 석 줄 묶음과 두 줄 묶음이 번갈아가며 나타난다.

	점 수
1~5번 문제의 점수를 더하여 총점을 쓰고 153쪽의 표에 막대그래프로 표시하세요.	

회차별 점수표 1 [01~22]

1. 설명하는 글 읽기 (평균 점수 _____ 점)

- 각 회차에서 얻은 점수를 막대그래프로 그리고, '1 설명하는 글 읽기'의 평균 점수를 써 넣으세요.
- 평균 이하의 점수가 나온 회차에서는 어떤 유형이 왜 틀렸는지 따져 보세요.

회차	이론부터 알고 많이 읽기	설명하는 글 많이 읽기	문항 유형에 익숙해지기	완성을 위해 빠짐 없이 풀기
01				
02				
03				
04				
05				
06				
07				
08				
09				
10				
11				
12				
13				
14				
15				
16				
17				
18				
19				
20				
21				
22				
회차\점수	10 15 20 25	30 35 40 45	50 55 60 65	70 75 80 85	90 95 100

회차별 점수표 2 [23~32]

2. 설득하는 글 읽기 (평균 점수 _____ 점)

- 각 회차에서 얻은 점수를 막대그래프로 그리고, '2 설득하는 글 읽기'의 평균 점수를 써 넣으세요.
- 평균 이하의 점수가 나온 회차에서는 어떤 유형이 왜 틀렸는지 따져 보세요.

회차 \ 점수	이론부터 읽히고 많이 읽기	설득하는 글 많이 읽기	문항 유형별 찬찬히 보기	완성을 위해 남은 한 걸음
23				
24				
25				
26				
27				
28				
29				
30				
31				
32				

점수: 10　15　20　25　30　35　40　45　50　55　60　65　70　75　80　85　90　95　100

회차별 점수표 3 [33~43]

3. 이야기 글 읽기 (평균 점수 _____ 점)

- 각 회차에서 얻은 점수를 막대그래프로 그리고, '3 이야기 글 읽기'의 평균 점수를 써 넣으세요.
- 평균 이하의 점수가 나온 회차에서는 어떤 유형이 왜 틀렸는지 따져 보세요.

회차\점수					이름부터 익히고 많이 읽기				이야기 글 많이 읽기				한꺼번에 많은 양의 문제 풀기				완성을 위해 남은 한 걸음			
33																				
34																				
35																				
36																				
37																				
38																				
39																				
40																				
41																				
42																				
43																				
회차\점수	10	15	20	25	30	35	40	45	50	55	60	65	70	75	80	85	90	95	100

회차별 점수표 4 [44~55]

4. 시 읽기 (평균 점수 _____점)

- 각 회차에서 얻은 점수를 막대그래프로 그리고, '4 시 읽기'의 평균 점수를 써 넣으세요.
- 평균 이하의 점수가 나온 회차에서는 어떤 유형이 왜 틀렸는지 따져 보세요.

회차\점수	이론부터 익히고 많이 읽기	시 많이 읽기	문학 유형 익히고 꾸준히	완성을 위해 남은 한 걸음
44				
45				
46				
47				
48				
49				
50				
51				
52				
53				
54				
55				
회차\점수	10 15 20 25	30 35 40 45	50 55 60 65	70 75 80 85	90 95 100

유형별 진단표 1

1. 설명하는 글 읽기 [01~22]

- 각 회차의 유형에 정답을 맞혔으면 해당하는 칸에 'O'를, 틀렸으면 'X' 하세요.
- 표의 하단에 유형별 총점을 써넣으세요.
- 자주 틀리는 유형이 한눈에 보이므로 자신의 부족한 유형을 알고 보완하여야 합니다.

	유 형					
	주제찾기 1	제목(글감) 찾기 2	사실 이해 3	미루어 알기 4	세부내용 5	적용하기 6
1						
2						
3						
4						
5						
6						
7						
8						
9						
10						
11						
12						
13						
14						
15						
16						
17						
18						
19						
20						
21						
22						
회차 총점						

※ 주제찾기 1~세부내용 5 유형은 문항당 4.5점이고, 기본점수 1점입니다.
※ 적용하기 6 유형은 문항당 10점입니다.

유형별 진단표 2

2. 설득하는 글 읽기 [23~32]

- 각 회차의 유형에 정답을 맞혔으면 해당하는 칸에 '○'를, 틀렸으면 '×' 하세요.
- 표의 하단에 유형별 총점을 써넣으세요.
- 자주 틀리는 유형이 한눈에 보이므로 자신의 부족한 유형을 알고 보완하여야 합니다.

회차\유형	주제찾기 1	제목(글감) 찾기 2	사실 이해 3	미루어 알기 4	세부내용 5	적용하기 6
23						
24						
25						
26						
27						
28						
29						
30						
31						
32						
총점						

※ 문항당 10점입니다.

유형별 진단표 3

3. 이야기글 읽기 [33~43]

- 각 회차의 유형에 정답을 맞혔으면 해당하는 칸에 'O'를, 틀렸으면 'X' 하세요.
- 표의 하단에 유형별 총점을 써넣으세요.
- 자주 틀리는 유형이 한눈에 보이므로 자신의 부족한 유형을 알고 보완하여야 합니다.

	유 형					
	주제찾기 1	제목(글감) 찾기 2	사실 이해 3	미루어 알기 4	세부내용 5	적용하기 6
33						
34						
35						
36						
37						
38						
39						
40						
41						
42						
43						
회차 총점						

※ 주제찾기 1~세부내용 5 유형은 문항당 9점이고, 기본점수 1점입니다.
※ 적용하기 6 유형은 문항당 12점이고, 기본점수 4점입니다.

유형별 진단표 4

4. 시 읽기 [44~55]

- 각 회차의 유형에 정답을 맞혔으면 해당하는 칸에 'O'를, 틀렸으면 'X' 하세요.
- 표의 하단에 유형별 총점을 써넣으세요.
- 자주 틀리는 유형이 한눈에 보이므로 자신의 부족한 유형을 알고 보완하여야 합니다.

	유형				
	주제찾기 1	제목(글감) 찾기 2	사실 이해 3	미루어 알기 4	세부내용 5
44					
45					
46					
47					
48					
49					
50					
51					
52					
53					
54					
55					
회차 총점					

※ 문항당 8점이고, 기본점수 4점입니다.

영역별 평균 총점수 [01~55]

- 각 영역별 평균 점수를 막대그래프로 그리세요.

	이론부터 다시 익히고 많이 노력하세요.	여러 글을 읽고 좀 더 노력하세요.	취약 유형이나 약점을 보완하세요.	완성을 위해 틀린 문항을 한번 더 학습하세요.
1 설명하는 글 읽기 [01~22]				
2 설득하는 글 읽기 [23~32]				
3 이야기 글 읽기 [33~43]				
4 시 글 읽기 [44~55]				
점수	10 15 20 25	30 35 40 45	50 55 60 65	70 75 80 85	90 95 100

영역별 유형 총점수 [01~55]

- 해당하는 칸에 영역별 유형 총점을 써 넣으세요.

	유 형					
	주제찾기 1	제목(글감) 찾기 2	사실 이해 3	미루어 알기 4	세부내용 5	적용하기 6
1 설명하는 글 읽기 [01~22]						
2 설득하는 글 읽기 [23~32]						
3 이야기 글 읽기 [33~43]						
4 시 글 읽기 [44~55]						
영역별 점수						

정답 및 해설

01 설명하는 글 읽기(1)

18~19쪽 정답

1 ⑤   2 잠   3 ⑤   4 ②
5 ⑤

해설

1. 중심 내용이 무엇인지는 글의 첫머리에 나와 있다.
2. 동물에 빗댄 여러 가지 잠 이름을 다룬 글이다.
3. '발편잠'은 짐승 이름에 빗댄 흔적이 없고, '근심이나 걱정이 없어져서 마음을 놓고 편안히 자는 잠'을 뜻한다.
4. '나비잠'은 깊이 잠든 사랑스러운 아기의 모습과 귀엽고 예쁜 나비가 잘 어울린다고 했다.
5. 옷을 입은 채 아무것도 덮지 아니하고 나무 등걸처럼 아무 데나 쓰러져 자는 잠을 '등걸잠'이라 한다.

02 설명하는 글 읽기(2)

20~21쪽 정답

1 ③   2 말, 글   3 ①   4 ④
5 ⑤

해설

1. 말과 글이 서로 다르다는 점을 바탕에 깔고, 이들 둘의 소중함을 말하고 있다.
2. 가장 여러 번 나온 낱말들을 찾는다.
3. 글에 나오는 대로 답을 골라야 한다. 생각이나 느낌을 소리를 통해 다른 사람에게 전하는 것을 '말'이라고 하고, 생각이나 느낌을 글자를 통해 다른 사람에게 전하는 것을 '글'이라고 하였다.
4. 우리나라에 글자가 없어서 불편했다는 내용에서 알 수 있다. ① 소리가 모두 말이 되는지는 알 수 없다. ② 말과 글은 차이가 있음을 분명하게 밝혀놓았다. ③ 글에 없는 내용이다. 실제로 글자가 없는 나라가 많다. ⑤ 중국 글자를 빌려 쓰기는 해도 같지는 않았다.
5. '한문'은 한자로 쓴 옛날 중국의 글을 뜻한다. '이두', '향찰'은 글자가 없었던 우리나라에서 옛날 한자를 빌려서 우리말을 썼던 방법이다.

03 설명하는 글 읽기(3)

22~23쪽 정답

1 ④   2 닿소리   3 ①
4 ④   5 ⑤

해설

1. 순서에 따라 자음의 글자 모양이 어떠하며, 그 글자를 어떤 이름으로 읽어야 하는지 설명하고 있다.
2. 우리 몸의 일부분에 닿아서 나는 소리라고 하여 붙여진 이름을 찾는다.
3. 표를 보고 확인할 수 있다. 표에 나온 순서는 외워두는 것이 한글 공부를 하는 데 편리하다.
4. 'ㄴ'은 'ㄴ+ㅣ+으+ㄴ'의 방식으로 이름을 붙였다. 곧, '이름 붙이려는 자음+ㅣ+으+이름 붙이려는 자음'이라는 방식이다. 자음 대부분은 이런 방식으로 이름을 붙인다. 그런데 'ㅅ'은 중간에 '으' 대신에 '오'가 들어가 있어서 방식이 다름을 알 수 있다. ①, ②, ③, ⑤는 모두 이름 붙이는 방식이 다음과 같다. '이름 붙이려는 자음+ㅣ+으+이름 붙이려는 자음'. 예를 들어 'ㄹ'의 이름은, 'ㄹ+ㅣ+으+ㄹ'이어서 '리을'로 읽는다. 규칙적인 이름붙이기를 벗어난 글자로는, 'ㄱ, ㄷ, ㅅ'의 3개가 있다.
5. '길'만 받침 'ㄹ'을 가지고 있다.

04 설명하는 글 읽기(4)

24~25쪽 정답

1 ③   2 홀소리   3 ①
4 ⑤   5 ⑤

해설

1. 순서에 따라 모음의 글자 모양과 이름을 설명하였다.
2. 발음 기관에 닿지 않고 혼자 나는 소리라고 하여 붙인 이름이다.

3. 모음의 처음은 'ㅏ'이고, 끝은 'ㅣ'이다.
4. 발음해 보면, 'ㅣ'는 처음도 끝도 'ㅣ'로만 소리 난다. ① 처음에는 '이', 나중에는 '아'이다. ② 처음에는 '이', 나중에는 '어'이다. ③ 처음에는 '이', 나중에는 '오'이다. ④ 처음에는 '이', 나중에는 '우'이다.
5. 표를 보고, 표에 없는 글자를 고른다. 'ㅢ'는 기본글자 'ㅡ'에 'ㅣ'가 어울려 만든 글자이다.

05 설명하는 글 읽기(5)

26~27쪽 정답

1 ⑤ 2 글자 3 ③ 4 ④
5 ③

해설

1. 자음과 모음이 서로 어울려야 소리를 낼 수 있는 글자를 만들 수 있다는 사실을 설명하고 있다.
2. 소리를 내는 글자 만들기가 중심 내용이다.
3. 글자의 아래에 붙여 새로운 글자를 만드는 받침에 대한 설명은 나타나지 않았다.
4. 자음의 기본 글자 'ㄷ'과 모음의 기본 글자 'ㅏ'가 어울려 '다'를 만든 뒤, 다시 받침 'ㄹ'을 붙여 만든 글자이다. ①, ②의 방법으로 만들어지는 글자는 없다. ③ 앞의 표에 나온 글자가 만들어진 방법이다. ⑤ '돌, 굴, 물' 등이 만들어진 방식이다.
5. 기본 자음의 수는 14개인데, 이들 모두가 받침으로 사용될 수 있다. 하지만 이렇게 받침으로 받쳐 쓸 수 있지만 소리는 'ㄱ, ㄴ, ㄷ, ㄹ, ㅁ, ㅂ, ㅇ'의 7개로만 난다.

06 설명하는 글 읽기(6)

28~29쪽 정답

1 ④ 2 숫자 3 ⑤ 4 ①
5 ②

해설

1. 덧셈, 수 읽기, 뺄셈 등을 통해 떠올릴 수 있는 수가 무엇인지 설명한 글이다.
2. 수를 글자로 표시한 숫자를 세는 방법을 자세하게 설명하고 있다.
3. 넷에 하나 더 많은 수, 다섯이 가장 많은 수이다. ① 근처에 다른 것이 없이 혼자. ② 하나에 하나 더 많은 수. ③ 둘에 하나 더 많은 수. ④ 셋에 하나 더 많은 수
4. 1이라고 쓰고 '일'이라고 읽는다고 했다.
5. 다섯 마리 중 한 마리를 우리에 넣고 남는 수를 표시하는 수식을 찾는다.

07 설명하는 글 읽기(7)

30~31쪽 정답

1 ② 2 물 3 ① 4 ③
5 ④

해설

1. 물이 얼마나 중요한지, 그 성질은 어떠한지 설명한 글이다.
2. 글감은 글에서 여러 번 반복해서 나오는 것을 찾는다.
3. '한여름에 오랫동안 비를 내리게 하는 구름이 머물면서 전국에 비를 뿌려댑니다.'를 통해서 '구름은 비를 내리게 한다.'는 것을 알 수 있다.
4. 분자끼리 서로 끌어당기는 힘이 강한 물에 이런 성질이 강한 다른 물질이 들어오면 잘 녹는다고 했다. 이로부터 끌어당기는 힘이 약한 물질이 들어왔을 때 어떻게 될지 떠올려 볼 수 있다. ① 끌어당기는 힘이 강한 것과 약한 것은 어울리지 못한다. ② 마주 보는 경우는 생길 수 없다. ④ 기름이 물 위에 뜰 수는 있어도 그 반대는 일어나지 않는다. ⑤ 일어날 수 없는 현상이다.
5. 천둥은 물이 변해서 일어나는 현상이 아니다.

정답 및 해설

08 설명하는 글 읽기(8)

32~33쪽 정답

1 ④ 2 가족 3 ② 4 ①
5 ③

해설

1. 내 생각과 달리 가족이 어떤 뜻을 지니는지 설명하고, 가족을 이루는 사람 각자가 어떤 역할을 했는지 설명했다.
2. 중심 내용을 간추릴 때 빠뜨릴 수 없는 낱말이 글감이다.
3. 엄마의 자매들은 가족을 이룬다고 말하지 않았다.
4. 옛날에는 집 안의 청소나 설거지는 엄마가 맡은 일이었다.
5. '한자리'의 '한'은 '같은'의 뜻이다. '한마음', '한겨레', '한마을'의 '한'도 '같은'의 뜻이다. ①의 '한'은 혼자서는 뜻을 가지지 못하고, 한결 전체가 '전과 비교하면 한층 더'라는 뜻이다. ② '가운데'라는 뜻이다. ④ '가운데'라는 뜻이다. ⑤ '가장', '정확하게'의 뜻이다.

09 설명하는 글 읽기(9)

34~35쪽 정답

1 ④ 2 사회 3 ③ 4 ②
5 ①

해설

1. 여러 사람과 더불어 살아가는 사람에 관해 설명하고 있다.
2. 조금 어려운 말이지만 여러 번에 걸쳐 나오고 있는 말이다.
3. '학교생활에 필요한 여러 가지 규칙을 배워요.'라는 구절이 나온다. ① 열심히 하는 것으로 나온다. ② 집중해야 하는 것으로 나온다. ④ 여러 사람과 더불어 살아가는 곳이다. ⑤ '친구를 배우다'는 어울리지 않는 말이다.
4. '수업 시간에는 짝꿍과 얘기하고 싶어도 꾹 참고 수업에 집중해야 한다는 것, 잠을 더 자고 싶어도 시간 맞춰 일어나 정해진 시간까지 학교에 가야 한다는 것, 복도에서는 뛰지 말고 조용히 걸어야 한다는 것'으로 규칙이 무엇인지 설명하고 있다.
5. 유치원에서부터 더불어 살아가는 방법을 배우기 시작한다. 글에서도 '학교에 입학하고 나서도 사회생활하기는 계속됩니다.'라고 하여 그 이전부터 사회생활을 하였다고 했다.

10 설명하는 글 읽기(10)

36~37쪽 정답

1 ⑤ 2 자연 3 ② 4 ③
5 ①

해설

1. 중심 내용이 끝 문단에 나온다. '이렇게 우리 주변에는 동물이나 식물을 본떠 만든 발명품이 많습니다.'
2. '발명왕'과 짝을 맺을 수 있도록 낱말을 찾는다.
3. 글에 가장 먼저 나온 물건은, 인형을 붙일 때 사용하는 물건이고 이것은 문어의 빨판을 본뜬 것이라고 했다.
4. 글을 다 읽고 알맞게 떠올릴 수 있는 생각은 나도 자연을 본떠 발명할 수 있다는 것이다. ① 물건 중에 일부가 본뜬 것이라는 생각을 할 수 있다. ② 빨판이 꼭 있어야 한다는 뜻이 아니다. ④ 글에 그대로 나오고 있으므로 새롭게 떠올린 생각이 아니다. ⑤ 글에 나온 내용에서 떠올릴 수 있는 생각이 아니다.
5. 그냥 보기만 한다는 뜻이 아니라 보고 본뜬다는 뜻이다.

11 설명하는 글 읽기(11)

38~39쪽 정답

1 ② 2 바다 3 ⑤ 4 ④
5 ①

해설

1. 한 부분이 아니라 전부를 이해한 것을 찾으라고 했다. 바다에는 '가자미, 가오리, 아기 오징어, 가시복, 불가사리, 해삼' 등을 통해서 여러 가지 동물들이 살고 있음을 알 수 있다.
2. 글에 소개한 동물들이 사는 곳이 어디인지 생각해 본다.
3. 머리 모양이 말을 닮은 바닷물고기인 해마는 글에 나오지 않는다.
4. 적을 물리쳤다는 것은 공격하여 달아나도록 했다는 뜻이다. 이런 뜻을 지닌 무기를 찾아야 한다. ① 알에서 아기 오징어가 나왔다. 무기가 아니다. ② 가자미가 색깔 바꾸기를 했는데, 적을 피하기 위해서였다. ③ 숨을 곳이다. ⑤ 해삼이 내뿜은 것이 국수를 닮은 것이라고 했는데, 적이 몸을 빠져나올 수 없도록 했다.
5. 풍선이나 공이 갑자기 부풀어 오르는 모양을 뜻하는 말을 찾는다.

12 설명하는 글 읽기(12)

40~41쪽 정답

1 ④ 2 식물 이름 3 ⑤
4 ③ 5 ②

해설
1. 식물의 이름을 어떻게 짓는지를 설명하고 있다.
2. 중심 내용에 맞게 글자 수를 맞추어 제목을 붙일 수 있다.
3. '옛날에 쓰던 참빗의 재료가 되었던 나무'라는 구절에서 알 수 있다.
4. 생강 냄새가 나서 '생강나무'라고 이름 붙였다면, 특징에 따라 이름을 붙인 것이다. ① 자라는 곳에 따라 붙인 이름이다. ② 생김새에 따라 붙인 이름이다. ④ 생김새에 따라 붙인 이름이다. ⑤ 쓰임새에 따라 붙인 이름이다.
5. 내용으로 볼 때, '신갈나무의 잎을 깔아서'라고 이어가야 하므로 '그래서'가 알맞다.

13 설명하는 글 읽기(13)

42~44쪽 정답

1 ③ 2 땅, 물, 눈 3 ①
4 ④ 5 ⑤ 6 ②

해설
1. 첫 문단을 읽어보면 알 수 있다.
2. 어떤 자연물과 관련된 우리말인지 첫 문단에서 알 수 있다.
3. 눈의 아름다움과 관련된 우리말에 대해 예를 들어가면서 자세히 소개하였다. ② '묵정밭'은 흙이 쓸려나가 농사를 짓기 어려운 거친 밭이다. ③ '윤슬'은 밝게 반짝이는 물결이다. ④ '허허벌판'은 탁 트여 넓고 큰 벌판이다. ⑤ '눈석임물'은 눈이 녹아내린 물이다.
4. 낳고 키우는 사람을 찾는다.
5. '숫눈'은 아무도 밟지 않은 깨끗한 눈이다.
6. '꽃눈'은 자라서 꽃이 될 눈. 잎눈보다 굵고 크다.

14 설명하는 글 읽기(14)

45~47쪽 정답

1 ⑤ 2 불 3 ③ 4 ④
5 ① 6 ⑤

해설
1. 사람이 불을 가지게 됨으로써 할 수 있게 된 여러 가지 일을 설명하고 있다. 첫 문단을 보면 알 수 있다.
2. 모든 내용이 불과 관련되어 있다.
3. 글의 첫 문장에서 '불'이 어떤 뜻을 지니고 있는지 말하고 있다.
4. 불 덕택으로 빠르게 진화와 발전을 할 수 있었다고 하였다. ① 불을 이용하여 사람이 자연을 지배한다. ② '돌로 만든 도구의 사용과 함께'라는 구절을 보면, 돌로 만든 도구도 있다. ③ 관련되는 내용이 전혀 나오지 않는다. ⑤ 생각하게 하지만 '무서운'은 아니다.
5. 빈 곳의 앞과 뒤를 보면, '어떠한 사건이나 일을 일으키게 되는 원인을 비유적으로 이르는 말'이 들어가야

한다.
6. 나쁜 것을 물리치는 힘을 행동으로 보여 주는 것이어야 한다.

15 설명하는 글 읽기(15)

48~50쪽 정답

| 1 ④ | 2 생각 | 3 ⑤ | 4 ③ |
| 5 ② | 6 ① | | |

해설

1. 생각이나 느낌을 나타내는 말의 덩어리를 작은 것부터 큰 것까지 설명하고 있다.
2. 중심 내용을 파악하면서 알 수 있는 내용으로, '생각 나타내기'를 제목으로 쓸 수 있다.
3. 글에 나타나지 않은 낱말을 고르면 된다.
4. 정확하게 어휘를 고를 수 있어야 생각이나 느낌을 생생하고 또렷하게 표현할 수 있다. ① 낱말을 떠올리기만 해서는 뜻을 정확하게 표현하기 어렵다. ② 큰 소리로 하는 말과 정확한 표현은 관계가 적다. ④ 표현의 문제이지 새김의 문제가 아니다. ⑤ 문장의 길이를 마음대로 다스릴 수 있다고 하여 정확한 표현을 할 수 있는 것은 아니다.
5. 문장은 마침표(.), 물음표(?), 느낌표(!) 등의 문장 부호로 끝난다.
6. '이제 숙제 다 했어?'는 숙제를 다 했는지 묻는 뜻을 담을 수도 있지만, 어서 숙제를 다 해라는 뜻을 담을 수도 있다.

16 설명하는 글 읽기(16)

51~53쪽 정답

| 1 ③ | 2 일기 | 3 ① | 4 ④ |
| 5 ② | 6 ② | | |

해설

1. 항목으로 나누어 전하고 있는 내용은 일기 쓸 때 지키면 좋은 것들이다.
2. 글의 첫머리부터 반복하여 나타난 낱말이다.
3. 일기가 무엇인지 밝히고, 무엇에 이로운지도 알도록 했다.
4. 둘째를 잘 살펴보면 알 수 있다. 사실이나 반복되는 일을 기록한 것이 아니라 생각이나 느낌이 들어간 글이어야 한다. ① 이런 내용은 일기의 내용을 이해하기 어렵게 하고, 일기 쓰기에 싫증을 내게 한다. ② 늘 반복하는 내용이 되므로 재미가 없다. ③ 일기가 아니라, 설명하는 글이나 설득하는 글이 된다. ⑤ 일기는 사실을 증명하기 위한 글은 아니다.
5. 앞에 설명한 내용에 대해 예를 들 때 사용하는 말이다.
6. 제목을 밝히면 주제가 뚜렷한 글이 될 수 있어서 좋다.

17 설명하는 글 읽기(17)

54~56쪽 정답

| 1 ④ | 2 말하기, 듣기 | 3 ① |
| 4 ⑤ | 5 ② | 6 ③ |

해설

1. 말을 통해 생각과 느낌을 주고받을 수 있다는 사실을 설명하였다.
2. 생각과 느낌을 드러내는 '말하기'와 받아들이는 '듣기'가 글감들이다.
3. 글의 첫머리에 나타난 '말로 생각이나 느낌을 다른 사람에게 전하여 알아들을 수 있도록 하는 것을 '말하기'라고 합니다.'를 통해 알 수 있다.
4. 들을 내용에 대한 준비가 필요하다고 했다. 그 준비 중의 하나로 말할 사람이 어떤 내용으로 말할 것인지 미리 떠올려 보는 것을 들 수 있다. ①, ② 녹음기, 연필, 공책 등이 듣기를 할 때 꼭 필요한 것은 아니다. ③ 중요한 일을 할 때면 항상 필요한 자세이다. 꼭 듣기에만 필요한 자세라고 할 수는 없다. ④ 필요한 것도 아니고, 바람직한 자세도 아니다.
5. '입말'은 입으로 하는 말로서 글자로 쓸 수 있다. 나머지는 모두 몸말에 속한다.
6. 억울하고 슬픈 일을 당했을 때는 그런 마음에 어울리도록 표정과 몸짓을 보여야 한다.

18 설명하는 글 읽기(18)

57~59쪽 정답

1. ③   2. 한글   3. ①   4. ④
5. ②   6. ⑤

해설

1. 세종대왕이 한글을 왜 만들었는지를 설명하고, 한글의 자음과 모음이 어떤 방법으로 만들어졌는지 설명하였다.
2. 처음부터 끝까지 한글에 관해 설명하였다.
3. 한글은 처음에는 '훈민정음'이라고 불렀다. ② 세종대왕이 훈민정음을 만든 까닭을 밝혔다. ③ 처음에 만들어진 글자는 28개였고, 오늘날은 24개이다. ④ 글자는 없었고 말은 있었다. ⑤ 본뜨지 않고 새로 만들었다.
4. 둘째 문단에서 한글을 만든 까닭을 다시 읽어 보면 한글이 왜 좋은 글자인지 알 수 있다.
5. 소리가 나는 입과 목의 위치를 본떠 자음의 기본 글자를 만들었다.
6. 'ㅗ'는 하늘의 둥근 모양을 본뜬 'ㆍ'와 땅의 평평한 모양을 본뜬 'ㅡ'를 합쳐 만들었다. 'ㅡ' 위에 'ㆍ'를 올리면 'ㅗ'가 만들어지는 것이다.

19 설명하는 글 읽기(19)

60~62쪽 정답

1. ③   2. 시계   3. ⑤   4. ①
5. ④   6. ②

해설

1. 시계의 침들과 시계 판의 숫자를 보고 시각을 읽는 방법을 설명하고 있다.
2. 글 사이에 설명을 돕기 위해 시계 그림을 두었다.
3. 소리는 보는 것이 아니라 듣는 것이다. ① 1부터 12까지의 숫자가 있다. ② 짧은 바늘, ③ 긴 바늘, ④ 시침, 분침보다 빨리 지나가는 바늘
4. 가장 작은 수는 1이고, 가장 큰 수는 12이다. 숫자 1은 1시와 5분, 숫자 12는 12시와 60분을 나타낸다.
5. 숫자마다 5분이므로 숫자 9를 지나 있으면 45분이다.
6. 시침이 두 수 사이에 있을 때 작은 수가 시가 된다고 했다. 따라서 2시 37분일 때 시침은 2와 3 사이에 있다.

20 설명하는 글 읽기(20)

63~65쪽 정답

1. ①   2. 돈   3. ②   4. ④
5. ③   6. ⑤

해설

1. 돈을 만든 까닭에 초점을 맞추어 놓고, 돈의 필요성, 돈의 종류 등도 덧붙여 설명하고 있다.
2. 반복하여 나타난 글감은 '돈'이다.
3. 글을 시작한 내용 중에서 가장 중요한 내용은 '돈을 통해서 물건을 사고팔며 필요한 물건을 서로 바꾸는 거예요.'라는 문장에 잘 드러나 있다.
4. '예를 들면'으로 이어졌기 때문에 예를 든 내용과 어울리는 말이어야 한다. 예를 든 내용은 필요한 것이 서로 다를 수 있다는 것이다.
5. '돈은 물건을 만들어 서로 바꾸어 생활을 편하고 넉넉하게 하려는 곳곳을 돌고 돌며 사람과 사람 사이를 서로 이어주지요.'라는 문장에서 떠올릴 수 있는 낱말을 찾는다.
6. 최근 지폐나 동전, 수표보다 더 편리하게 돈의 구실을 하는 것은 '신용 카드'이다.

21 설명하는 글 읽기(21)

66~68쪽 정답

1. ③   2. 설   3. ⑤   4. ③
5. ④   6. ①

해설

1. 설이라는 말의 유래, 설에 관한 역사적 기록, 설이 오

정답 및 해설

늘날까지 이어져온 과정을 내용으로 했으므로 어떻게 시작된 명절인지 설명한 글이라고 할 수 있다.
2. 글감은 '설'이다.
3. 설은 한 해를 새롭게 시작하는 날이므로, 뜻으로 볼 때 '보내다'는 거리가 멀다.
4. '나이, 해'를 뜻한다고 했다. ① '삼가다'와 맺어서 새긴 뜻, ② '서다'와 맺어서 새긴 뜻, ④ '낯설다'와 맺어서 새긴 뜻, ⑤ '섧다'와 맺어서 새긴 뜻
5. '강강술래'는 추석에 하는 놀이이다.
6. 설은 예부터 전해온 좋은 풍속이라고 내세운 말은 설을 쇠어야 한다는 생각을 강하게 드러낸 말이다.

---

22 설명하는 글 읽기(22)

69~71쪽 정답

1 ③	2 추석	3 ④	4 ②
5 ⑤	6 ①		

해설

1. 추석이 으뜸 명절임을 밝히고, 추석에 어떤 일을 치르는지 소개하고 있다.
2. 중심 내용을 파악하면서 이미 해결한 문제이다.
3. '수릿날'은 5월 5일 단오를 달리 부르는 이름이다. 우리나라 명절의 하나이다.
4. 글에 나온 '5월 농부, 8월 신선'이라는 속담에서 떠올릴 수 있다. 온갖 곡식을 수확하고 과일을 거두어들이며 편히 쉴 수 있을 때 느낄 수 있는 분위기를 찾는다.
5. 글에 나오는 '농부들이 농사를 잘 짓기 위하여 땀을 흘리면서 등거리가 마를 날이 없지요.'라는 문장에서 떠올려 본다.
6. 벌초는 추석 전에 조상의 묘를 찾아 무성하게 자란 풀을 베는 일이다. ② 추석 전이 아니라 추석날 올린다. 설날에도 올린다. ③ 추석날이나 그다음 날 조상의 묘를 찾는 행사이다. ④ 설날의 행사이다. ⑤ 세시 행사가 아니다. 죽은 사람을 그리며 생각하는 일이다.

---

23 설득하는 글 읽기(1)

72~73쪽 정답

1 ②	2 몸	3 ③	4 ⑤
5 ④	6 ①		

해설

1. 몸의 각 부분이 자기 자랑을 하고 있다.
2. 눈, 코, 입, 손, 발 등을 합쳐 몸이라고 부른다.
3. 귀의 말은 글에 나타나지 않았다.
4. 입으로 음식을 먹고 코로 냄새를 맡는다. ① 눈이 한 말이다. 눈이 없으면 아무것도 볼 수 없다. ② 다들 이런 주장을 하고 있다. ③ 손이 한 말이다. ④ 발이 한 말이다.
5. '돌부리'는 '돌뿌리'라고 소리 내지만 '돌부리'라고 써야 한다.
6. 자랑할 때는 남이 할 수 없는 것을 내세우며 스스로 최고라고 말한다.

---

24 설득하는 글 읽기(2)

74~75쪽 정답

1 ③	2 힘	3 ⑤	4 ④
5 ③	6 ②		

해설

1. 듣는 사람의 기분을 좋게 하는 말을 하자는 내용이다.
2. 듣는 사람의 기분을 좋게 하는 말은 아주 큰 힘을 가진다는 내용이기도 하다.
3. '서둘러'는 남의 기분을 좋게 하는 말이 아니다.
4. '고마워'라는 말을 들었을 때, '뭐, 더 도와줄 일은 없나요?'라는 마음이 든다. ① 무엇 때문에 좋은지, 무엇을 좋아하는지 알 수 없다. ② 반대로 힘이 들었더라도 그런 생각이 없어질 것이다. ③ 불안에 떨었던 것은 아니다. ⑤ 은혜를 입은 것은 아니다.
5. '입을 꾹 다물게 하는 마음이'에서 '다물다'의 뜻을 알 수 있다.
6. 실수해서 숨고 싶고, 할 말이 없는 경우이다.

25 설득하는 글 읽기(3)

76~77쪽 정답

1 ② 2 목욕 3 ① 4 ⑤
5 ③ 6 ④

해설

1. 로마인 이야기는 목욕이 건강에 좋다는 생각을 강하게 전하기 위해 끌어들인 것이다.
2. 중심 글감은 '목욕'이다.
3. 둘째 문단에 '거울'은 보이지 않는다.
4. 병을 치료해주는 신을 모셨던 신전에 목욕탕이 있었고, 목욕이 병을 치료해주는 효과가 있는 것으로 여겨졌다고 말하고 있다. ① 목욕탕이 넓었는지를 알 수 있도록 하는 내용이 나오지 않는다. ② 목욕탕에 신을 모셨다는 말은 보이지 않는다. ③ 사람들이 많다고 해서 중요한 곳이 되지는 않는다. ④ 신전에 목욕탕이 있었던 것이지, 목욕탕이 신전이라는 것은 아니다.
5. 이어지는 내용은 앞의 내용에 더 보태어 말하는 내용이므로 '그리고'가 알맞다.
6. 글에 나온 내용을 바탕으로 하여 찾아야 한다. '더운 물로 들어가면 근육을 쉬게 하고 혈관을 늘어나게 해서, 피가 몸을 잘 돌 수 있게 해 주지요.'라는 내용을 보면 알 수 있다.

26 설득하는 글 읽기(4)

78~79쪽 정답

1 ⑤ 2 운동, 건강 3 ②
4 ④ 5 ① 6 ⑤

해설

1. 앞의 세 문단은 운동이 몸을 건강하게 한다는 내용이고, 끝 문단은 마음을 건강하게 한다는 내용이다.
2. '운동', '건강'이 반드시 들어가야 한다.
3. '들이마신 공기가 온몸으로 잘 퍼지도록 도와주지요.'의 주어는 '운동'이다.
4. 그다음에 이어지는 '심장이 한 번 뛸 때 충분히 많은 혈액을 온몸으로 보낼 수 있다는 뜻이지요.'라는 문장에 까닭이 잘 드러나 있다. ① 심장이 크다고 해서 심장 뛰는 수가 적어지는 것은 아니다. ② 피가 빨리 돌면 오히려 심장이 빨리 뛴다. ③ 빨리 뛴다고 해서 피가 허파로 가는 것은 아니다. ⑤ 운동하지 않더라도 피를 다시 받을 수 있다.
5. '많다-적다', '크다-작다'는 서로 반대되는 뜻이다.
6. 글을 읽고 운동과 건강의 관계를 알았으므로, 새로 알게 된 내용을 받아들여 알맞게 말해야 한다.

27 설득하는 글 읽기(5)

80~81쪽 정답

1 ④ 2 읽기, 쓰기 3 ①
4 ② 5 ③ 6 ⑤

해설

1. 읽기와 쓰기에서 바른 자세를 강조한 내용이다.
2. 국어 공부의 네 가지는 말하기, 듣기, 읽기, 쓰기이다.
3. 글에 나온 내용 중 가장 중요한 것을 찾는다. ② 누가 쓴 글인지 알면 내용의 이해에 도움이 되기는 해도 읽기에서 가장 중요한 일은 아니다. ③ 외워두면 좋은 말이 있을 수 있어도 역시 가장 중요한 일은 아니다. ④ 구태여 남에게 전하지 않아도 된다. ⑤ 꼭 필요한 경우가 아니라면 적어둘 필요가 없다.
4. 집중하여 읽는다는 뜻이다.
5. 셋째 문단을 보면, '이 세 가지를 미리 생각해 보고 써야 뜻이 분명하고 짜임새가 잘 되어 좋은 글이 될 수 있다.'라고 분명하게 나온다.
6. 주제나 제목을 두고 글을 쓸 때, 쓰는 까닭을 생각하는 말을 고른다.

28 설득하는 글 읽기(6)

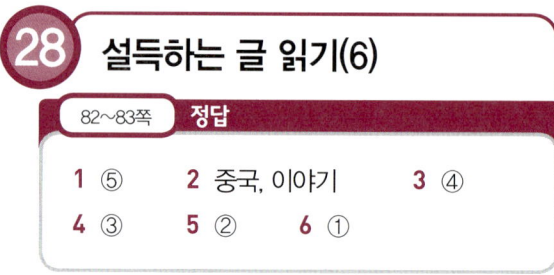

82~83쪽 정답

1 ⑤ 2 중국, 이야기 3 ④
4 ③ 5 ② 6 ①

정답 및 해설

해설

1. 마지막 문단에 전하고자 한 글쓴이의 생각이 실려 있다. 남의 어려움을 나의 어려움처럼 생각해줄 줄 아는 사람이 되라는 것이다.
2. 끌어들인 글감이 무엇인지 글의 첫머리에 나와 있다.
3. 사흘 동안 눈이 내린 추운 날씨를 이야깃거리로 삼았다.
4. 너그럽지 못하여 남의 처지를 알아주려고 하지 않으며, 남에게 베풀 줄도 모르므로 '옹졸하다'고 할 수 있다. ① '너그럽다'는 '마음이 넓어 남의 잘못까지 감싸고 용서할 줄 안다.'는 뜻, ② '똑똑하다'는 '사리에 밝고 총명하다.'는 뜻, ④ '비겁하다'는 '떳떳하지 않고 겁이 많다.'는 뜻, ⑤ '인색하다'는 '몹시 아끼면서 남에게 베풀 줄 모른다.'는 뜻이다.
5. '굶주리다'의 반대말은 '배부르다'이다.
6. 내가 남처럼 가난하고 춥고 어려운 처지에 놓이면 어떠할지를 생각해보라는 점을 깨닫게 한다. 이런 생각을 할 줄 알아야 남을 사랑하며, 사람으로서 최소한의 도리를 지킬 줄 알게 된다.

5. '보고 들은 일'이 '겪은 일'이다.
6. 동물들이 말을 하는 것을 듣고 다른 동물들은 항상 고개를 끄덕이며 나름대로 바른 생각을 말하고 있다고 받아들이고 있다. 이처럼 말하는 상대방의 생각을 잘 듣고 받아들이는 것은 아주 좋은 태도이다.

30 설득하는 글 읽기(8)

87~89쪽 정답

1 ⑤ 2 고운 말 3 ①
4 ④ 5 ② 6 ③

해설

1. 호칭과 지칭을 중심으로 하여 고운 말을 쓰자는 생각을 전하고 있다.
2. '고운 말'을 하자는 내용에 맞게 제목을 붙인다.
3. '나이'는 글에 나온 낱말이지만 호칭이나 지칭이 되지 못한다.
4. 친구의 이름을 부르는 것은 호칭한 것이고, 이렇게 호칭을 하면 관심을 나에게로 향하게 할 수 있다. 글에서 '상대방을 부르는 것은 상대방의 관심을 나에게로 향하게 해요.'라는 문장에서 떠올릴 수 있다. ① 호칭으로 직접 부를 수 있다. ② '할머니는 나이가 많다.'에서처럼 가리켜 일컫는 말이 될 수 있다. ③ 뜻을 주고받을 때 문장이 긴지 짧은지에 대한 말이 없다. ⑤ 나이가 많은 어른들께는 높임말로 공손한 말씨를 쓴다고 했다.
5. 앞의 내용이 뒤의 내용에 까닭을 말하는 내용이다. 이럴 때는 '그래서'로 잇는다.
6. '할아버지, 손자, 할머니, 손녀, 아빠, 엄마'가 지칭이다.

29 설득하는 글 읽기(7)

84~86쪽 정답

1 ③ 2 별나라 3 ①
4 ④ 5 ② 6 ⑤

해설

1. 초대장을 받고 저마다 자신이 별나라에 가야 한다고 주장하였다.
2. 별나라에 누구를 보낼지 토론하고 있다.
3. 초대장을 받았기 때문에 토론이 벌어졌다.
4. 일어서서 자기 생각을 발표한 동물들은 모두 까닭을 들고 생각이 옳다는 점을 내세우고 있다. 그래서 듣는 동물들이 생각을 바꾸어 자신을 별나라로 보내주기를 설득하고 있다. ① 목소리를 높인 동물은 없다. 이런 말투로는 설득하기 어렵다. ② 칭찬하는 말은 보이지 않는다. ③ 높임말을 쓰기는 했지만, 이것만으로 마음을 바꾸어놓지는 못했다. ⑤ 예를 든 것은 나타나지 않았다.

31 설득하는 글 읽기(9)

90~92쪽 정답

1 ① 2 인사예절 3 ③
4 ② 5 ④ 6 (1) 안녕하세요. (2) 고맙습니다. (3) 안녕히 가세요. (4) 미안해.

해설

1. 때와 장소에 맞게 인사를 잘하자는 부탁을 하고 있다.
2. 글에 나온 말로 네 칸을 채울 수 있어야 한다.
3. 글에서 윗사람을 만났을 때, "안녕하세요!"라고 인사한다고 했다. ① 친구를 만났을 때나, 친구와 헤어질 때의 인사, ② 학교에서 집으로 돌아갈 때 선생님께 하는 인사, ④ 일을 마치고 집으로 돌아오신 어른께 드리는 인사, ⑤ 집에서 학교에 갈 때의 인사
4. 글을 모두 읽어 보면, 때와 장소에 맞추어 인사하는 것이 바람직하다고 할 수 있다.
5. '웃니(윗니)', '웃길(윗길)', '웃입술(윗입술)', '아래어른(없는 말)'은 모두 잘못된 말이므로 쓸 수 없다. 괄호 속에 있는 모양으로 써야 한다.
6. 자신이 겪은 일을 떠올리면서 알맞은 인사말을 쓴다.

32 설득하는 글 읽기(10)

93~95쪽 정답

1 ③   2 물   3 ③   4 ④
5 ①   6 ⑤

해설

1. 물이 더럽혀지면 어떻게 되는지, 왜 더럽혀지는지, 더러워지는 것을 줄이려면 어떻게 해야 하는지 등을 내용으로 하였는데, 이를 통해 물을 더럽히지 않도록 노력하자는 주장을 한 것이다.
2. 글감은 글에 여러 번 나온 '물'이다.
3. '한번 더러워진 물을 다시 깨끗하게 하려면 굉장히 많은 양의 깨끗한 물과 시간이 필요해요.'에 나온 내용이다.
4. 집에서 쏟아내는 물이 더러운 물의 대부분을 차지한다고 했다. ① 더러워진 물을 깨끗하게 하는 데 많은 양의 물이 필요하다는 내용만 보인다. ② 모르는 사이에 그러는지 알 수 있도록 하는 내용을 찾을 수 없다. ③ '물에 섞여' 버려지는지 알 수 있는 내용이 없다. ⑤ 이런 곳의 물도 더러워질 수 있으므로 더럽히지 말자고 했다.
5. '까닭'은 한자말 '이유', '원인', '근거' 등과 같은 뜻이다.
6. 지키기 다섯 가지를 하나하나 견주어 가며 바르게 실천한 경우를 찾는다.

33 이야기 글 읽기(1)

96~97쪽 정답

1 ①   2 병원   3 ②   4 ③
5 ④

해설

1. 아프거나 다친 동물을 도와주는 장면이다.
2. 아플 때 찾아가는 곳으로 치과, 외과를 통틀어 말할 수 있는 것은 '병원'이다.
3. 자라, 토끼, 노루가 나오고 있다.
4. 토끼가 다리가 아프다고 하니까 노루가 외과에 데려다주겠다고 했다. ① 이가 아플 때 간다. ② 배가 아플 때 간다. ④ 이상한 행동을 할 때 간다. ⑤ 어린이가 아플 때 간다.
5. 동물원에서 본 대로 크기를 떠올려본다.

34 이야기 글 읽기(2)

98~99쪽 정답

1 ④   2 인사   3 ①   4 ⑤
5 ③

해설

1. 글의 끝에 '예쁘게 인사했더니/ 생글생글 기분이 참 좋아요.'를 통해 알 수 있다.
2. 여러 번 나오는 말이 글감을 찾는다.
3. 스스로 해 본 인사말을 찾으면 된다.
4. 글의 끝을 보면, 인사를 하면 기분이 좋다고 했다. ① 반가워서 인사한다. ② 인사하고 놀라지는 않는다. ③ 인사했다고 어른이 싫어질 리는 없다. ④ 인사와 빵은 전혀 관계가 없다.
5. '생글생글', '싱글벙글', '벙글벙글' '방실방실' 등은 웃는 모습을 흉내 낸 말이다.

정답 및 해설

35 이야기 글 읽기(3)

100~101쪽 정답

1 ③   2 곰, 여우   3 ④
4 ⑤   5 ①

해설

1. 여우가 곰을 속이고 혼자 꿀을 먹으려다 벌에게 쏘이는 벌을 받고 있다.
2. 곰과 여우가 이야기를 만들어가고 있다.
3. 곰의 상대는 여우이다.
4. 여우는 벌집 속에 있는 꿀을 혼자 먹으려고 벌집을 들고 도망쳤다.
5. 벌들에게 쏘인 여우가 아파서 큰 소리로 울었다. ② 벌이 떼를 지어 날아가는 소리, ③ 빠르게 달려가는 모습, ④ 알아채지 못하게 천천히 다가가는 모습, ⑤ 걸음을 크게 옮겨가는 모습

36 이야기 글 읽기(4)

102~104쪽 정답

1 ⑤   2 기차   3 ④   4 ③
5 ②   6 ①

해설

1. 사람들 때문에 살 수 없게 된 처지에 놓인 일을 세 번 거듭 말해서 중심 내용으로 강조하였다. ① 본 것이 아니라 타려고 했다. ② 늦게 잠들었고, 한 번 일어난 일이다. ③ 함께 즐겁게 노는 장면은 한 번도 나오지 않았다. ④ 한 번만 나오는 장면이다.
2. 제목이 글에 그대로 나온다.
3. 동물들을 태운 적도 없고, 동물들이 탄 적도 없다.
4. 밑줄 그은 부분 바로 앞에 "난 늪에 사는데 사람들이 물을 다 퍼버렸어."를 통해서 알 수 있다.
5. 날개가 있는 짐승이 날짐승이다.
6. 사람들이 동물들의 삶을 위태롭게 하고 있다고 했다.

37 이야기 글 읽기(5)

105~107쪽 정답

1 ④   2 개미, 베짱이   3 ①
4 ②   5 ③   6 ⑤

해설

1. 놀기만 하고 겨울 준비를 하지 않았던 베짱이가 겨울이 되어 먹지도 못하고 추위에 떨면서 개미의 집을 찾아 구걸하는 모습에서, 어려울 때를 미리 준비해 두어야 한다는 가르침을 얻을 수 있다.
2. 나오는 동물이 둘뿐이어서 쉽게 찾을 수 있다.
3. 베짱이는 일하지 않고 노래 부르면서 놀기만 했다.
4. 개미는 부지런하고 베짱이는 게으르다. ① 개미와 베짱이 중 어느 쪽이 말이 많은지 적은지 알 수 없다. ③ 어느 쪽을 부산스럽다고 해야 할지 알 수 없다. ④ 양쪽이 다 얌전하지도 않고, 덜렁거리지도 않는다. ⑤ 양쪽 모두와 관계없다.
5. '둘이서 어울려'라는 뜻을 찾는다.
6. 미래를 준비하지 않는 친구를 떠올릴 수 있다.

38 이야기 글 읽기(6)

108~110쪽 정답

1 ⑤   2 황소 아저씨   3 ③
4 ④   5 ②   6 ①

해설

1. 황소 아저씨와 생쥐 형제자매가 함께 어울려 사는 모습이 가슴을 찡하게 하며 와 닿는 내용이다.
2. 글에서 마음을 가장 크게 끄는 동물을 찾는다.
3. 움직임을 드러내어 주는 말이 반드시 들어가면서 그 움직임을 떠올리게 해야 한다. ① 나오는 동물을 소개한 말, ② 어떤 곳에서 일어나는지 알려주는 말, ④ 배경을 알려주는 말, ⑤ 소리만 표현했기 때문에 그림 그리듯이 움직임을 표현한 것이 아니다.
4. 황소 아저씨는 자신을 불편하고 귀찮게 하는 생쥐를 너그럽게 받아들이고 도와주기도 한다.

5. '조그만 아이들이나 동물들이 한꺼번에 바쁘게 움직이는 모양'을 뜻하는 낱말을 찾는다.
6. 주고 도와주었을 때 하는 인사말을 찾는다.

39 이야기 글 읽기(7)

111~113쪽 정답

1 ⑤	2 바가지	3 ②
4 ③	5 ①	6 ④

해설

1. 바가지 하나로 여러 가지 이름을 붙이거나, 여러 가지 놀이를 만들면서 재미있게 노는 장면을 보여 주고 있다.
2. 놀이에서 사용한 물건은 바가지이다.
3. 이야기의 끝에 박꽃이 나온다.
4. 바가지를 받은 뒤에 여러 가지의 재미있는 놀이를 하고 있다. ① 처음 보았는지 알 수 없다. ② 예쁘게 생겼다고 한 내용은 보이지 않는다. ④ 바가지 없는 집을 떠올리기 어렵다. ⑤ 글에 나오지 않은 내용이다.
5. 바가지를 만들 꽃이므로 바가지 꽃이라고 이름 붙일 수 있다.
6. 선이는 물건이 원래 가지는 뜻을 벗어난 여러 가지 뜻을 새로 붙여가면서 놀이를 함으로써 재미를 느끼고 있다. 뜻을 새로 붙이려면 원래의 물건에 새로운 이름을 붙이는 방법이 있다. '수박 수영장'은 수영장에 새로운 이름을 붙여, '수박처럼 생긴 수영장', '수박처럼 커서 그 속이 수영장 같은 곳' 등의 새로운 뜻을 떠올릴 수 있다.

40 이야기 글 읽기(8)

114~116쪽 정답

1 ③	2 무지개	3 ④
4 ①	5 ②	6 ⑤

해설

1. 무지개 물고기가 아름다운 비늘을 가지고 있다고 하여 잘난 체하며 다른 물고기를 무시하다가 따돌림을 당하는 모습, 비늘을 나누어 줌으로써 함께 어울리게 되는 모습에서 얻을 수 있는 깨달음을 찾는다.
2. 무지개 물고기가 주인공이므로 제목으로 삼을 수 있다.
3. 문어 할머니에게서 비늘을 나누어주라는 도움말을 듣는다.
4. 다른 물고기들이 말을 붙여도 대꾸 없이 지나치는 모습에서 남을 무시하고 잘난 체하는 태도를 알 수 있다.
5. '반짝이'는 반짝반짝 빛난다는 모양을 바탕 말 삼아서 만들어진 낱말이다.
6. 내게 소중하다고 여겨지는 것을 남에게 나누어주어야 행복해질 수 있다는 말을 해줄 수 있다.

41 이야기 글 읽기(9)

117~119쪽 정답

1 ④	2 신사임당	3 ③
4 ④	5 ⑤	6 ③

해설

1. 이렇게 옛날에 살았던 사람의 자취와 업적을 적은 글을 '전기'라고 한다.
2. 여러 번 거듭 이름이 나온 '신사임당'이 글감이고 글의 제목이다.
3. 신사임당이 잘 그린 '초충도'는 풀벌레 그림이다. ① 모두 40폭 정도가 전한다고 하였다. ② 화면이 간결하다고 했으므로 빈틈없이 채운 것이 아니다. ④ 그림을 그려 보였다는 내용은 보이지 않는다. ⑤ 결혼한 뒤에도 학문을 게을리하지 않았다.
4. 포도 열매에 앉은 잠자리 그림, 꽃 그림 등은 실물과 매우 닮아서 닭이 쪼고 나비가 앉을 정도라고 하였다.
5. 신사임당이 벼슬아치를 한 적은 전혀 없다.
6. 신사임당은 흔히 어진 어머니, 훌륭한 아내로 평가받는데, 글에서는 그림 잘 그린 예술가로 강조되었다.

정답 및 해설

42 이야기 글 읽기(10)

120~122쪽 정답

1 ③ 2 이순신 3 ①
4 ④ 5 ② 6 ⑤

해설

1. 온갖 어려움을 겪으면서 나라를 위해 목숨까지 바친 삶이 감동을 준다.
2. 이순신 장군의 전기이다.
3. 처음 군인이 되어 간 곳은 우리나라 북쪽 국경인 함경도이다.
4. 경상도로 올라온 왜군들이 얼마 되지 않아 서울로 쳐들어왔다고 하였다. ① 친척임을 알 수 있도록 해 주는 내용은 보이지 않는다. ② 원균이 두 번씩이나 왜군에 크게 패하는 것으로 보아 능력이 뛰어나다고 할 수 없다. ③ 왜적이 쳐들어오니까 피란 갔다는 내용만 나온다. 선조가 나라를 잘 다스렸는지에 대한 내용은 알 수가 없다. ⑤ 그런 내용은 보이지 않는다.
5. '이순신은 거북선을 이용하여 바다에서의 싸움을 모두 승리로 이끌었어요.'라는 내용으로 보아 이순신이 바다에서 싸워 이길 수 있도록 한 것은 '거북선'이다.
6. 이순신 장군이 죽음에 이른 마지막 싸움이 어떠했는지 잘 드러낸 것을 찾는다.

43 이야기 글 읽기(11)

123~125쪽 정답

1 ① 2 유관순 3 ②
4 ④ 5 ③ 6 ⑤

해설

1. 끝 문단의 '어린 나이에 나라를 독립시키려고 목숨을 바친, 유관순의 나라를 사랑하는 마음은 지금도 많은 사람의 기억 속에 남아 있어요.'에 중심 내용이 들어 있다.
2. 유관순을 중심 인물로 다루었다.
3. 3·1절이라는 이름으로 기념하고 있다.
4. 만세 운동을 하는 사람들을 향해 일본 헌병이 총을 마구 쏘았다는 말로 보아 많은 사람이 목숨을 잃었음을 알 수 있다. ① 교회를 어디에 세웠는지 알 수 있는 내용은 보이지 않는다. ② 도쿄에서는 독립 선언을 했다. ③ 나라를 되찾지는 못하고 일본이 더욱 심하게 굴었다. ⑤ 재판을 받을 수 없다고 했지만, 재판을 받기는 했다.
5. 예전에는 5일에 한 번 사람들이 모여 물건을 사고팔았다. 서로 다른 마을에 사는 사람끼리 오랜만에 만나는 곳이기도 했다.
6. 독립을 위해 죽음을 두려워하지 않고 애쓰다가 꽃다운 나이에 세상을 뜬 점이 가장 훌륭하다고 할 수 있다.

44 시 읽기(1)

126~127쪽 정답

1 ① 2 밤길 3 ⑤ 4 ②
5 ⑤

해설

1. 밤길을 혼자 가더라도 달님이 따라오고, 개구리 소리가 들려 외롭지 않다는 마음이다.
2. 걸어가고 있는 길은 '밤길'이다.
3. '비추어줘요', '노래해 줘요'에 '줘요'가 거듭 나타나고 있어 기억하기 좋다.
4. '따라오며 비추어줘요'라고 했으므로 뒤쪽에 있다고 보아야 한다.
5. '개굴개굴'은 개구리가 우는 소리를 흉내 낸 말이다. ① 밤길을 꾸미는 말. 그림을 떠올림. ② 달을 사람처럼 빗대어 표현. 느낌이 포근함. ③ 시에서 말하는 사람 혼자서, ④ 소리를 내는 짐승

45 시 읽기(2)

128~129쪽 정답

1 ② 2 아기 오리 3 ③
4 ⑤ 5 ②

해설

1. 엄마 오리 따라다니며 귀엽게 노는 아기 오리의 모습이 마음을 끈다.
2. 빈칸의 숫자에 맞게 답을 쓴다.
3. 엄마 오리를 따라 하는 아기 오리의 움직임이 잘 그려지고 있다.
4. '작은 짐승', '소리'에 특히 주의해서 맞는 말을 찾는다. ① 큰 움직임을 흉내 낸 말, ② 흉내 낸 말이 아님, ③ 작은 움직임을 흉내 낸 말, ④ 엄마 오리처럼 큰 짐승이 물에 빠지는 소리를 흉내 낸 말
5. 네 묶음으로 되어 있는 시에서 각각 묶음은 모두 두 줄씩으로 되어 있다. 한 줄을 차지하는 글자 수가 모두 같다. 그리고 줄의 끝에 오는 소리도 모두 같다.

46 시 읽기(3)

130~131쪽 정답

| 1 | ⑤ | 2 | 좋겠다 | 3 | ① |
| 4 | ⑤ | 5 | ③ | | |

해설

1. 꽃잎과 나무를 보면서 마음에 떠올린 느낌을 말하고 있다.
2. 첫째 묶음과 둘째 묶음에서 거듭 나타난 '좋겠다'가 느낌을 드러내는 말이다.
3. 시의 첫머리에 나타난 물건이 처음 떠올린 물건이다.
4. '닦아 주니까', '씻어 주니까'라고 까닭을 말하고 있다. 닦아 주고, 씻어 주면 깨끗해진다. ① 빛이 나는 물건은 없다. ② 마음에 든다는 말을 한 적이 없다. ③ 재미있게 노는 사람이 없다. ④ 고운 소리는 시에서 찾을 수 없다.
5. 첫째 묶음의 끝에 나타난 '주니까'가 끝에도 나타난다.

47 시 읽기(4)

132~133쪽 정답

| 1 | ④ | 2 | 그만뒀다 | 3 | ② |
| 4 | ③ | 5 | ⑤ | | |

해설

1. 잘못을 저지른 강아지와 고양이를 벌주려다가 그만뒀다고 하여 말하는 사람의 생각을 드러내고 있다.
2. 용서해주었다는 뜻이 담겨 있는 말이다.
3. 고양이가 아니라 강아지가 움직이는 모양이라고 했다. ① 흉내 낸 말이 아니다. ③ 흉내 낸 말이 아니고, 고양이가 한 짓이다. ④ 말하는 사람이 하려고 한 짓이다. ⑤ 고양이의 모양을 흉내 낸 말이다.
4. 꼬리를 살래살래 흔들고, 귀를 쫑긋쫑긋 세우는 모습이 귀여워서 그만둔 것이다.
5. '녀석', '그만뒀다', '땜에' 등의 소리와 낱말이 거듭 나타나고 있다. 노래 부르기 쉽겠다는 느낌이 들게 한다.

48 시 읽기(5)

134~135쪽 정답

| 1 | ① | 2 | 도토리 | 3 | ① |
| 4 | ③ | 5 | ② | | |

해설

1. 도토리가 떼굴떼굴 귀엽게 굴러가는 재미있는 모습을 떠올리게 되는 시이다. ② 잎이 피어나는 계절은 봄인데, 그런 장면은 아니다. ③ 시에는 나타나지 않는다. ④ '숲', '도토리 떨어지는 모습'을 직접 보여주지 않았다. ⑤ 사람과 도토리가 묻고 답하는 방식으로 말하고 있지만, 사람들이 다람쥐를 찾고 있는 장면은 아니다.
2. 거듭하여 나타난 글감은 '도토리'이다.
3. 흉내 내는 말인지 아닌지는 그 낱말을 소리 내어 읽어보면 알 수 있다. 흉내 내는 말은 같은 소리가 반복되는 짜임으로 되어 있는 낱말이다.
4. '단풍잎 곱게 물든'이라고 했으니 가을이다.
5. 네 묶음이 모두 두 줄씩으로 되어 있다.

정답 및 해설

49 시 읽기(6)

136~137쪽 정답

1 ③   2 달   3 ②   4 ③
5 ②

해설

1. 달이 마을 근처의 낮은 산에 떠 있다고 했고, 우리 동네를 비추고 있다고 했다는 점에서 친구처럼 정겹게 느끼고 있다.
2. 하늘에 떠 있는 달을 보고 쓴 시이다.
3. 둥근 쟁반과 같다고 한다.
4. 노래로 부르기 좋은 까닭은 반복되는 말이 있어서이다. ① 글로 써진 것은 무엇이든 읽을 수 있다. ② 묶음으로 나누어진다고 해서 노래 부르기가 좋은 것은 아니다. ④ '흑흑', '딸랑딸랑'처럼 소리를 흉내 낸 말은 나타나지 않았다. ⑤ 물건을 사람에 빗대면, 물건이 사람과 같은 느낌을 지니는 것처럼 표현할 수 있는데, 이런 표현은 나타나지 않는다.
5. 각각 묶음에서 첫 줄은 묻고, 둘째 줄은 답한다. 또 셋째 줄도 묻고, 넷째 줄은 답한다.

50 시 읽기(7)

138~139쪽 정답

1 ④   2 날아라   3. ④   4 ⑤
5 하파타카차자아/ 사바마라다나가/ 날아라, 교실

해설

1. 듣는 사람에게 일어나기 어려운 일을 자신이 해낼 수 있다고 말하여 호기심을 불러일으키면서 말장난을 하는 아이라고 할 수 있다.
2. 제목은 말장난의 중심에 놓여 있는 말을 찾는다. 뒤에 교실이 나오므로 '날아라'가 알맞다.
3. '나'가 주문을 배운 내용은 시의 넷째 줄을 보면 알 수 있다.
4. 도저히 할 수 없는 일이라고 믿고 있는데 할 수 있다고 하고, 일어날 수 없어 보이는데 일어나게 할 수 있다고 해야 큰 호기심을 불러일으킬 수 있다. ① 발뺌하고 도망하는 말이다. ② 주문을 만 번 외웠다는 말이 듣는 사람을 솔깃하게 하지는 못한다. ③ 말을 듣게는 할 수 있어도 호기심을 크게 일으키기에는 부족한 말이다. ④ 전하는 말이다.
5. 주문을 외고 신기한 일이 일어날 수 있도록 하는 말은 크고 당당한 목소리로 읽어야 실감이 난다.

51 시 읽기(8)

140~141쪽 정답

1 ②   2 들판   3 ①   4 ③
5 ③

해설

1. '쉰다', 또는 '쉬다'가 네 번 나온다. 가장 강조하는 내용이어서 거듭해서 나온 것이다.
2. '겨울 들판'의 풍경과 분위기를 그리고 있다.
3. 텅 빈 들판의 모습으로 시작하고 있다.
4. 둘째, 셋째 묶음을 보면, 모든 것이 쉬고 있다. ① 풀이 말랐다는 내용은 시에 나오지 않는다. ② 나무가 쉰다고만 했다. ④ 농부는 시에 나오지 않는다. ⑤ 햇볕이 쉰다고 하는 내용만 볼 수 있다.
5. 같은 모양이 반복되는 말은 바로 이어지는 낱말을 꾸민다.

52 시 읽기(9)

142~143쪽 정답

1 ④   2 옹달샘   3 ②
4 ②   5 ③

해설

1. 옹달샘에 고인 '맑은 물'이 말하는 사람에게 가장 큰 인상을 주고 있다. 그래서 시선의 초점도 거기에 맞추어져 있다.

정답 및 해설 **15**

2. 옹달샘에서 물을 마시고 있다.
3. 산속의 옹달샘, 하늘은 눈으로 바라볼 수 있다.
4. 진짜로 마시는 것은 하늘이 아니라 물이다. 물이 하늘처럼 아주 맑아서 마치 거기에 비치는 하늘을 마시는 듯한 느낌을 표현한 것이다. ① 하늘이 가까워진 느낌을 시에서 가질 수 없다. ③ 숨을 쉬는 일과는 관계없다. ④ 하늘이 짙은 파란 색이라고 해서 입속으로 들어오는 느낌이 들 수는 없다. ⑤ 숲속에 쉬기 위해 하늘이 입속으로 들어온다고 했을 때, 말이 되지 않는다.
5. '파아란'은 '파란'이라고 써야 맞춤법에 맞다. 그런데도 '파아란'이라고 적은 것은 맑은 느낌을 강조하기 위해서이다.

53 시 읽기(10)

144~145쪽 **정답**

1 ② 2 둘이서 둘이서 3 ③
4 ① 5 ④

해설
1. 힘 드는 일이라도 함께하면 즐겁고 힘들지 않다고 했다.
2. 첫째, 셋째 묶음에 '둘이서'가 나온다.
3. 통나무 옮기기로 시작하고 있다. ① 둘째 묶음의 내용이다. ② 셋째 묶음의 내용이다. ④ 넷째 묶음의 내용이다. ⑤ 넷째 묶음의 내용이다.
4. 모든 묶음이 '어떻게 하나?'라는 물음의 내용으로 시작하고 있다.
5. '새근새근', '콜콜'은 모두, 아기나 작은 아이가 잠을 잘 때 내는 소리를 흉내 낸 말이다.

54 시 읽기(11)

146~147쪽 **정답**

1 ⑤ 2 집짓기 3 ①
4 ④ 5 ②

해설
1. 두꺼비가 다른 동물들과 함께 집을 짓는 모습을, 반복되는 말을 여러 군데에 두면서 재미있게 엮은 시이다.
2. 바닷가나 강가의 모래가 쌓인 곳에서 하는 놀이로, 왼손 또는 오른손을 모래 속에 파묻고 '두껍아 두껍아 흙집 지어라'를 부르며, 그 손이 묻힌 모래 위를 두드리며 논다.
3. 둘째 묶음에 나오는 '개미', '황새' 둘이다.
4. '밟아도 따안딴'이라고 했으니 튼튼하다는 느낌이 든다. ① '바람이 잘 통한다, 앞이 탁 틔었다'와 같은 표현이 나와야 한다. ② '볕이 잘 든다, 난방이 잘 된다' 등의 표현이 나와야 한다. ③ '시원하다'와 반대되는 조건을 갖추어야 한다. ⑤ '딴딴하다'와 반대되는 뜻이다.
5. 받침 중에서 'ㄲ, ㄸ, ㅃ……'처럼 같은 글자로 되어 있는 것을 쌍받침이라고 하고, '않, 닭, 흙……'의 받침처럼 서로 다른 글자로 되어 있는 것을 겹받침이라고 한다.

55 시 읽기(12)

148~149쪽 **정답**

1 ③ 2 달팽이 3 ①
4 ④ 5 ⑤

해설
1. 달팽이가 껍데기를 지고 다니는 모습이 신기해서 여러 생각을 하며 글로 옮겨놓고 있다. 껍데기를 지고 다닌다고 하지 않고 집을 지고 다닌다고 한다.
2. 나오는 동물이 하나뿐이다.
3. '달팽이는'이 여섯 번 나온다. ② 둘째 묶음에 한 번 나온다. ③ 둘째 묶음에 두 번 나온다. ④ 넷째 묶음에 두 번 나온다. ⑤ 첫째 묶음과 셋째 묶음에 각각 한 번씩, 두 번 나온다.
4. 집을 지고 다닌다고 했으니까, 느릿느릿 움직일 수밖에 없다.
5. 첫째 묶음은 석 줄, 둘째 묶음은 두 줄, 셋째 묶음은 다시 석 줄, 넷째 묶음은 다시 두 줄이다.